O DIREITO DERIVADO
DA TECNOLOGIA

Circunstâncias coletivas e individuais
no Direito do Trabalho

ODETE GRASSELLI

Licenciada em Direito e Legislação e Direito Aplicado. Especialista em Direito Empresarial Privado e Direito e Processo do Trabalho. Mestra em Direito pela Universidade Federal do Paraná. Doutoranda pela Universidad de Castilla-La Mancha, Espanha. Juíza do Trabalho no Paraná. Professora nas disciplinas de Direito e Processo do Trabalho.

O DIREITO DERIVADO DA TECNOLOGIA

Circunstâncias coletivas e individuais no Direito do Trabalho

Editora LTr
SÃO PAULO

Dados Internacionais de Catalogação na Publicação (CIP)
(Câmara Brasileira do Livro, SP, Brasil)

Grasselli, Odete
O direito derivado da Tecnologia : circunstâncias coletivas e individuais no direito do trabalho / Odete Grasselli. — São Paulo : LTr, 2010.

Bibliografia
ISBN 978-85-361-1476-7

1. Tecnologia e direito I. Título.

09-12732

CDU-34:6

Índice para catálogo sistemático:

1. Direito derivativo : Tecnologia 34:6

© Todos os direitos reservados

EDITORA LTDA.

Rua Jaguaribe, 571 — CEP 01224-001 — Fone (11) 2167-1101
São Paulo, SP — Brasil — www.ltr.com.br

LTr 4126.8

Janeiro, 2010

SUMÁRIO

PREFACIO I — *Antonio Baylos*	7
PREFÁCIO II — *José Aparecido dos Santos*	11
INTRODUÇÃO	21
I — TRABALHADOR. EMPREENDEDOR. SINDICATO	23
1.1. A *proteção* na relação capital & trabalho	23
1.2. Ativação real dos sindicatos	26
II — GLOBALIZAÇÃO. TRABALHO. MOVIMENTO SINDICAL	30
2.1. Metamorfoses globais	30
2.2. Movimento sindical na chamada *nova economia*	33
2.3. Liberdade e autonomia dos entes sindicais	37
III — TECNOLOGIA DIGITAL. DIREITO *AO* E *DO* TRABALHO	43
3.1. Preâmbulo	43
3.2. Conhecimento. Normatividade	45
3.3. Tecnologia digital e trabalho	51
3.4. Sociedade da informação e da capacitação	55
IV — O DIREITO CONSTITUCIONAL E SUAS NOVAS FRONTEIRAS	61
4.1. Exigibilidade dos direitos sociais fundamentais	61
4.2. Constitucionalização de direitos individuais	67
4.3. Direitos de personalidade	71
4.4. Trabalhador, sujeito de direitos	76
4.5. Intimidade e vida privada	81
V — PERFORMANCES DA TECNOLOGIA NO CONTRATO DE TRABALHO	85
5.1. Aspectos gerais	85
5.2. Privacidade *versus* propriedade no direito do trabalho	88
5.3. Liberdade de expressão & contrato de trabalho	92
5.4. A prova decorrente do manejo do instrumento eletrônico	97
5.5. Coletiva normatividade eletrônica	103
5.6. Tópica ação sindical	108
CONCLUSÃO	113
REFERÊNCIAS BIBLIOGRÁFICAS	115

PREFACIO I

El derecho se nutre de paradigmas culturales y técnicos. Es clara la "interferencia" del hecho tecnológico en la regulación normativa del trabajo y en el gobierno sindical del conflicto social. El tema puede, así planteado, sugerir una amplia reconstrucción de las relaciones entre tecnología, ideología y técnica jurídica en relación con la situación de dominación económica y social que caracteriza nuestro tiempo presente, lo que implica a su vez remitirse a las raíces culturales del tipo de regulación social que está vigente, a la crisis de ésta y a la influencia que el cambio tecnológico — los sucesivos cambios tecnológicos — puede haber desarrollado en este proceso.

Es evidente que este debate tiene un interés específico para la regulación jurídico-laboral en su conjunto, puesto que afecta a los fundamentos culturales en los que se basa la elaboración teórica y doctrinal que sustenta el núcleo explicativo del derecho del trabajo en su doble vertiente individual y colectiva. Fundamentos culturales que no se refieren necesariamente a las preconcepciones económicas o sociológicas que subyacen a la elaboración de todo el aparato conceptual sobre el que se edifica la autonomía científica de esta materia jurídica, sino de forma muy especial a la noción de técnica que se encuentra en la base de la noción de trabajo como eje en torno al cual se articula la regulación normativa de origen estatal o convencional que llamamos derecho laboral. Pensar de otra manera el trabajo a partir del cambio tecnológico, la transformación del suelo en el que se edificaba el fordismo, la propia trascendencia de las tecnologías de información y de comunicación en su definición concreta, lleva necesariamente a proyectar este discurso sobre el núcleo central de la regulación jurídica del trabajo asalariado y sobre las "tutelas" diversificadas del mismo. Porque la instrumentalidad de la técnica y su apropiación por el trabajador se plantean de forma diferente a cómo tradicionalmente venían funcionando en la determinación del trabajo prestado en régimen de subordinación. La relevancia de esta nueva manera de expresarse el trabajo en el tiempo y lugar de la prestación, o en la profesionalidad del trabajador en la determinación cuantitativa y cualitativa del servicio prestado, resulta muy clara. Pero también es frecuente ver enlazado este punto con el más conocido de la flexibilización de las relaciones laborales, en su doble cara de "racionalización" de la organización del trabajo bajo la dirección unilateral de quien domina la introducción de las nuevas tecnologías y de "desregulación" de los elementos normativos y convencionales que fijaban las posiciones de empresario y trabajador a través de una cierta "colonización" de la esfera de la autoridad en la empresa por obra de la norma imperativa y de la autonomía contractual colectiva. Algunas formas de prestación del trabajo, como el trabajo a domicilio, resultan plenamente transformadas ante la aplicación de las tecnologías de la información y comunicación que se condensan en la expresión de teletrabajo.

Naturalmente que también la dimensión colectiva y sindical de las relaciones de trabajo resultan muy afectadas por esta "deriva" de la tecnología sobre la forma de regular jurídicamente el trabajo asalariado. Aunque es común remitirse a esta "interferencia" sobre lo colectivo simplemente para señalar la difícil subsistencia de la acción sindical y del propio sujeto representativo de los trabajadores en un mundo productivo tecnológicamente revolucionario, lo cierto es que estos procesos de cambio han inducido mutaciones en las pautas y modos culturales del sindicalismo occidental en relación con una mejor y más eficaz tutela de los derechos de los trabajadores que éste aspira a representar. Y ello tanto en cuanto a los medios de comunicación, información y expresión sindicales, como en el ejercicio de las facultades de autotutela colectiva, comenzando por la huelga.

Por lo demás, el tema de las nuevas tecnologías compromete también el área de los derechos fundamentales del individuo que trabaja, es decir, los derechos de ciudadanía que no pueden ser amputados de raíz por el mero hecho de trabajar para otra persona de forma subordinada. En concreto, viejos derechos como el derecho a la intimidad personal, cobran nuevas facetas al relacionarse con elementos novedosos como la protección de los datos personales y al confrontarse con técnicas más agresivas de la propia imagen como la video vigilancia. A fin de cuentas, la implicación de los derechos de ciudadanía en este asunto no viene sino a constatar la relevancia del trabajo como fuente de legitimación de gran parte del *constructum* político que reconoce derechos en función de una posición social subordinada con vistas a un proceso dirigido a la emancipación social.

Sobre todos estos temas de capital importancia discurre el libro de Odete Grasselli que me honro en prologar. Por una parte, aceptar el encargo de la autora ha sido para mi un grato cometido, puesto que ella es una persona entrañable con la que hemos entablado una cordial relación de afecto mutuo durante su tiempo de estancia en la región de Don Quijote y Sancho Panza. La obra además es a mi juicio muy interesante. Se trata del fruto de un trabajo ordenado y continuo en el seno del curso de doctorado en derechos sociales para magistrados de trabajo brasileños fruto de un convenio de colaboración entre ANAMATRA y la Universidad de Castilla La Mancha, que condujo a la autora a realizar dos períodos de estudios en Ciudad Real y por fin a leer su tesis de maestría en esa misma ciudad ante un tribunal examinador que le otorgó la calificación máxima de sobresaliente y a obtener el subsiguiente diploma de estudios avanzados. El libro, que en su versión española tiene el sugerente título de *El derecho derivado de la tecnología. Circunstancias colectivas e individuales en el derecho del trabajo*, aborda, de forma abierta y crítica la práctica mayoría de los problemas que esta "interferencia" plantea en la regulación jurídica laboral. Su conocimiento de los ordenamientos jurídicos español y brasileño hace que se maneje con soltura en el comparatismo jurídico, tan provechoso metodológicamente para poder aprehender las realidades normativas trascendiendo la realidad positiva de un solo Estado. La autora muestra además un enfoque original y completo en su investigación, que sin duda será objeto de viva atención por los estudiosos y expertos en derecho laboral y relaciones de trabajo brasileños. A ello quieren animar estas páginas de introducción a la obra.

Ciudad Real, 2009.

Antonio Baylos
Catedrático de Derecho del Trabajo.
Director del Centro Europeo y
Latinoamericano para el Diálogo Social
Universidad de Castilla-La Mancha (España).

PREFÁCIO II

Nunca foi tão importante, como agora, analisar os impactos que as novas tecnologias geram nas relações entre capital e trabalho. Por isso, é muito bem-vinda a obra da doutora *Odete Grasselli*, que tenho a honra de prefaciar. Esta obra possui não somente as qualidades peculiares da autora, mas também o mérito de provocar reflexão sobre inúmeras consequências que esse rearranjo funcional acarreta no mundo jurídico, em especial no Direito do Trabalho. É obra que traz a lume novos pontos de vista e que, corajosamente, suscita polêmicas, o que por si só recomendaria sua leitura; mas se vai além, pois a obra também faz propostas e propicia o debate.

As novas e formidáveis tecnologias de que dispõe parte da humanidade impõem aos homens refletir sobre seu futuro como espécie e, ao mesmo tempo, sobre o papel do Direito e seu permanente dilema entre manter a ordem econômica e política vigente ou buscar a emancipação social, ou ainda tentar compatibilizar as duas vertentes.

O aspecto mais notável dessa mudança tecnológica é uma modificação substancial na dimensão espaço-temporal do homem. Os novos artifícios produzidos pelo homem modificam a percepção do tempo e do espaço, e o conduzem ao estranhamento de si mesmo e dos que estão em derredor. Concepções tradicionais como família, sindicato e escola perdem os referenciais simbólicos que detinham e precisam se reconstruir com base em novos e desconhecidos significados.

A aceleração do tempo do trabalho e a ampliação do espaço do trabalho foram, ao mesmo tempo, causa e consequência da alteração paulatina dessas dimensões estruturais do humano, resultado e resultante do "tempo do progresso". A manipulação sem precedentes do ambiente pelo trabalho no modo de produção capitalista é que, ao que tudo indica, acarretou essa desestruturação do tempo e do espaço.

Os seres humanos sempre "se caracterizam por introduzir artifícios na manipulação do mundo"[1], mas agora "não manipulamos objetos naturais: manipulamos artifícios que manipulam artifícios... que em último termo manipulam objetos naturais, e andamos agora às voltas com uma nova fase de me-

---

(1) CAPELLA, Juan-Ramón. *Os cidadãos servos*. Trad. Lédio Rosa de Andrade e Têmis Correia Soares. Porto Alegre: Sérgio Antonio Fabris, 1998. p. 40.

tainstrumentação do mundo"⁽²⁾. Essa manipulação, por sua vez, cada vez mais inserida no sistema de circulação capitalista, deixa de ser mero modo de estar no mundo e passa a ser meio de se impor sobre o mundo (poder). Se o homem na Modernidade é a medida do próprio homem, a tecnociência passa a ser a medida do poder de uns homens sobre os demais.

O trabalho é manipulação do mundo natural e do artificial, mas o trabalho é também o próprio homem: este afeta o mundo pelo trabalho e por ele é também afetado. Nas circunstâncias massivas e de elevada velocidade em que essa manipulação passou a ser efetuada, desloca-se o trabalho de dimensão humana e busca-se torná-lo mera condição de consumo. A ideologia primordial do capitalismo se radicaliza para impor a artificial concepção de que o trabalho é mera mercadoria de troca, condição para obter outras mercadorias, tanto as imprescindíveis como as supérfluas.

As novas tecnologias, de outra parte, permitem aos seus proprietários o aumento do controle, da intensidade e da extensão temporal do trabalho, sem que nenhuma contrapartida possa ser exigida. É um direito absoluto que se impõe à outra parte "contratante". Com isso, de precária mercadoria de troca, o trabalho passa a ser mero elemento da natureza, apropriável e expropriável.

Não há dúvida de que os equipamentos incrementam a produtividade, a competitividade e a prosperidade. O que importa, todavia, é: de quem? A resposta liberal seria de que toda a humanidade se beneficia do progresso tecnológico, mas para se confirmar essa afirmação seria necessário reduzir a uma diminuta parcela do mundo o contingente daqueles que consideramos humanos.

Nessa perda dos homens de si mesmos, acentua-se a ideia de que o progresso técnico tem um fim em si mesmo, e de que a felicidade humana depende apenas disso, sem levar em consideração quem efetivamente dele se beneficia. O que está em questão, principalmente, é se e de que forma as novas tecnologias podem humanizar a espécie ou se vão conduzi-la à barbárie. A verticalização crescente da acumulação tecnológica gera um mundo de exacerbações em que o equilíbrio já não é possível.

O Direito do Trabalho não poderia sair incólume dessas alterações. Um retorno às categorias do passado é inalcançável, mas também não há projeto de futuro à vista. Estamos em uma época de ausência de vontade de projetos de futuro, com diminuição do horizonte das expectativas. O princípio da proteção parece não dar mais conta dos paradoxos em que o trabalho se encontra imerso e, na periferia do sistema capitalista, gravitam novas formas de precariedade e dependência estrutural, inclusive dos "empreendedores", cuja existência empresarial tem por finalidade apenas baixar custos para os grandes conglomerados.

---

(2) *Idem.*

A globalização tornou-se insustentável do ponto de vista econômico, ecológico e social, mas ainda não sob o ponto de vista ideológico, pois se expandir e se impor sobre outros homens e sobre novas matérias-primas disponíveis é um mecanismo fundamental do modo de produção capitalista. De outra parte, foi sempre o progresso tecnológico a base instrumental do processo de expansão acumulativa denominado globalização. É justamente essa base que cada vez mais gera lixo eletrônico e humano, sem dispor de espaço suficiente para confiná-lo. As novas tecnologias deixam de ser um avanço da humanidade para se tornar meios de acumulação de capital pela troca mais rápida de mercadorias.

Um projeto de economia baseado apenas no conhecimento competitivo e dinâmico não é possível nem está disponível para toda a humanidade. O crescimento economicamente sustentável e os melhores empregos estão disponíveis apenas para uma diminuta parcela da população mundial. A "diminuição do mundo", em grande parte, decorre da percepção de que cada vez é mais difícil manter isolados e assépticos os que contribuem para o bem-estar da parcela "produtiva" da humanidade.

Na periferia dos sistemas capitalistas, tanto nas relações Norte/Sul como nas internas de cada país ou região, subsistem diferentes graus de apropriação de conhecimento tecnológico e, inclusive, trabalhadores sem nenhum conhecimento dessa espécie, ainda que munidos de um amplo conjunto de conhecimentos tradicionais, mas desprovidos pelos interesses hegemônicos, de interesse econômico. É expressiva, por exemplo, no Brasil, a quantidade de pessoas que nenhum acesso possui a computador[3]. Como falar para esses indivíduos em capacitação profissional para as novas tecnologias? O conhecimento informático, também adquirido coletivamente, passa a ser propriedade de poucos.

Há uma sensação generalizada de que a solução desses impasses não depende apenas do acesso dos cidadãos ao Estado, o que é quase impossível nas atuais circunstâncias. De outra parte, e contrariamente às expectativas de um fanático e numeroso grupo religioso, as evidências indicam que também não é possível esperar que a solução provenha do deus-mercado. A crença nas antigas idealizações racionais entrou em crise.

O Estado foi apropriado pelos mecanismos de expansão capitalista e transformado em meio de obter mão de obra qualificada e adequadas condições de competir no "mercado internacional". Para isso é necessário que o Estado se dedique às suas funções básicas, educação, segurança e saúde, com a finalidade

---

(3) É curioso observar que o censo do IBGE demonstra que em 1999 apenas 12,02% da população brasileira não contavam com televisão em sua residência, mas 68,04% não contavam com máquina de lavar. Assim, a aquisição de bens duráveis não se orienta apenas pela necessidade, mas também pelo anseio de inserção comunicacional no mundo, ainda que o mundo colonizado da comunicação de massas.

de fornecer aos entes privados indivíduos capacitados, física e intelectualmente, para o trabalho, bem como para que existam condições seguras para produzir. Os cidadãos são transformados em meros indivíduos e o ser humano deixa de ser sujeito e passa a expectador.

A tecnologia exige poucos e altamente qualificados trabalhadores, e a atividade do Estado e das coletividades intermediárias passa a suprir o "mercado" desse tipo de trabalhador. Por isso, os sindicatos passam a ter por missão a requalificação dos desempregados. Mas a capacitação profissional, uma das externalidades do regime capitalista, assim como os efeitos ecológicos, constituem atividades e finalidades do Estado e dos sindicatos? É de fato necessário e possível que todos se dirijam ao mercado?

A maioria dos trabalhadores brasileiros não maneja o instrumental informático, embora não possa ignorá-lo. Respeita-o e o admira, como de resto a todo poder que se desconhece, mas cujos efeitos podem ser sentidos. Na busca de acesso a esse instrumental, para um improvável uso, a submissão a esse poder gera perdas consideráveis em outras áreas: a criatividade, a cultura popular e os importantes conhecimentos tradicionais são eliminados ou expropriados pelo consumo, perdendo a espontaneidade. Há uma antiga piada, referida por *Lévi-Strauss*, de que a América é "uma terra que passou da barbárie à decadência sem conhecer a civilização"[4]. O que parece, entretanto, é que a periferia do capitalismo, em especial na América Latina, caminha para a barbárie acreditando alcançar a civilização.

A tecnologia criada por alguns afeta a todos em dupla dimensão: pelo aumento do desemprego e pelo fomento do consumo. Os mesmos indivíduos que são instados por meios inconscientes a consumir são os que possuem, cada vez menos, condições de fazê-lo. O saber tecnológico é transformado em propriedade e em consumo. Por esse mecanismo, de uma sociedade de direitos se passa a uma sociedade de deveres impostos por novas e supérfluas necessidades.

As inovações tecnológicas, portanto, não constituem um avanço para a humanidade se os seus frutos não podem ser compartilhados, se as informações podem ser selecionadas e apropriadas por alguns grupos, mesmo quando tais informações decorrem de um lento e histórico acúmulo de conhecimento produzido por todos.

Como democratizar as tendencialmente autoritárias relações entre capital e trabalho em uma sociedade, como a brasileira, em que sempre preponderou entre os detentores do poder a tendência de não ver os trabalhadores, mas corpos a serem possuídos e descartados? A experiência histórica brasileira demonstra quão frágil é o pilar jurídico da modernidade. Com efeito, se de um

---

(4) LÉVI-STRAUSS, Claude. *Tristes trópicos*. São Paulo: Edições 70, 1993. p. 86.

lado é fácil generalizar a ideia de que não há direitos sem deveres (o direito ao trabalho teria como correspondente o dever de trabalhar), de outro é também fácil introduzir a ideia de que há deveres sem direitos, como o de consumir, mesmo sem existir, de fato, o direito ao respectivo sustento.

Percebe-se aí facilmente o conteúdo vazio do direito ao trabalho na modernidade, em contraposição ao conteúdo pleno do direito de propriedade. Este último é assegurado por todo o aparato estatal e pela moral prevalecente, tal como já ocorreu com o dever de trabalhar, o qual foi até exigido pelo direito penal. O direito ao trabalho, por sua vez, é negado por esse mesmo aparato, que atribui ao indivíduo a responsabilidade de obtê-lo, bem como a culpa de não consegui-lo. É esse o sentido da disciplina pelo trabalho.

A passagem de uma democracia representativa para uma democracia efetivamente participativa é o desafio que nos é posto como condição para modificar as estruturas excludentes da acumulação desproporcional. Nada indica que as novas tecnologias, por si só, induzam essa modificação. Para isso seria necessário recompor as estruturas participativas por meio de grupos intermediários entre o indivíduo e o Estado, pois isso é condição para se reestruturar a cidadania.

Um dos grandes méritos da obra da Doutora *Odete Grasselli* é, justamente, perceber essa realidade ao detectar a relevância do papel dos sindicatos. Os sindicatos também configuram grupos intermediários entre o Estado e os indivíduos e representam importante elemento para a inserção das pessoas nas decisões fundamentais de sua existência e, dessa forma, na construção da cidadania e da democracia. Mas antes de tudo, realmente, precisam os próprios sindicatos se democratizar. Mas o que é democracia e o que a qualifica? Como recuperar a espontaneidade e o voluntariado do movimento sindical? Como despir o movimento sindical da aparência profissional e burocrática com a qual se apresenta aos seus representados?

O hiperindividualismo que configura os tempos atuais é acentuado pelas técnicas de comunicação e de trabalho. O espaço descentralizado do trabalho, por meio da Internet, por exemplo, desarticula os vínculos de solidariedade e dessa forma desestrutura, de algum modo, a própria dimensão do humano. O homem não é homem por si próprio, mas por estar de algum modo em relação com os demais, sem com isso perder sua condição de indivíduo.

A tecnologia imobiliza o trabalhador por meio das perdas referenciais das dimensões do tempo e do espaço: o tempo do trabalho invade o tempo da vida, com tendência totalizante; o espaço da vida se transforma em espaço do trabalho. A fragmentação do movimento sindical é fruto, principalmente, da fragmentação do próprio modo de trabalhar. A perda de identidade do trabalhador não é a perda da centralidade do trabalho, mas a perda do autorreconhecimento.

As políticas empresariais de uso das novas tecnologias, em especial as de informação, deveriam ser definidas claramente, mas também serem negociadas coletivamente. Há que se ter em conta que o uso de novas tecnologias nas relações de trabalho não se restringe aos e-mails corporativos, mas inclui o uso de novos equipamentos de trabalho, de câmaras de controle, de cartão de ponto eletrônico e de tantos outros mecanismos que afetam direta ou indiretamente as pessoas que atuam na empresa. Todos esses mecanismos tecnológicos deveriam ser negociados diretamente pelas pessoas afetadas e não apenas por seus distantes representantes.

O uso particular dos recursos disponíveis no ambiente de trabalho, inclusive os tecnológicos, como o e-mail corporativo, é muitas vezes convencionado de forma tácita e depois suprimido, negado ou camuflado. Apenas o direito de propriedade não pode servir de fundamento para um pretenso direito de fiscalizar a operacionalização do trabalho elaborado em equipamentos fornecidos ao trabalhador. Debater com os próprios trabalhadores o uso desses recursos é método não apenas de busca de um equilíbrio entre capital e trabalho mas, principalmente, de busca da legitimidade democrática, condição para a humanização da espécie.

O distanciamento dos representantes sindicais dos anseios e necessidades dos indivíduos que compõem a respectiva categoria é fenômeno semelhante e paralelo ao que se observa na política estatal, na qual se verifica um distanciamento entre os representantes políticos e seus eleitores. Em um e outro campo, reconstruir a participação democrática impõe aumentar o leque de mecanismos de participação direta dos atingidos pelas medidas a serem tomadas, como forma de conduzir à maioridade social.

É nesse aspecto que o princípio da proteção, tão caro ao Direito do Trabalho, precisa se reinventar. O princípio da proteção representa o reconhecimento da desigualdade estrutural, mas o seu escopo passa a ser a de criar condições para que os trabalhadores, por meio da solidariedade de grupo, possam eliminar condições de inferioridade. Capital e trabalho nunca estarão em um mesmo grau de igualdade jurídica, exceto na única possível, a meramente formal, mítica, inalcançável, mas fundante de todo o regime de produção.

A inclusão social, portanto, não se dá por meio dos sindicatos, mas com os sindicatos e, acima de tudo, por meio dos próprios trabalhadores. É a recuperação do "cogito cartesiano", não pela perspectiva do sujeito ultracognoscente, mas pelas possibilidades coletivas de superação das adversidades. É a reconstrução da subjetividade perdida por meio do ser social, do trabalho pensado para além da subsistência ou do consumo do indivíduo, mas dirigido às pessoas concretas.

Os recursos tecnológicos são facilitadores de trocas de informação e de mercadoria, bem como podem ajudar na mobilização, mas não estão disponíveis para quaisquer trabalhadores. Acima de tudo, esses recursos são apropriados por grupos ou indivíduos e a maioria dos recursos disponíveis circula informação de baixa densidade mobilizadora. Assim, a informação passa a ser destinada à massificação e à anulação do sujeito, e não à sua construção. A mobilização é possível para encontros, para a diversão isolada e, muitas vezes, para disseminação de atos violentos, mas é pífia ainda em matéria de construção de vínculos de solidariedade.

A velocidade dos meios de comunicação não corresponde, necessariamente, a uma qualidade razoável de intercâmbio de ideias, pois os indivíduos estão colonizados por inúmeros mecanismos de cultura de massas. Assim, não basta o recebimento de veloz informação para induzir a participação e a autonomia, mas estas é que são pressupostos de qualquer perspectiva emancipatória. Como bem destaca a Doutora *Odete Grasselli*, a cidadania é construída pela luta coletiva e pelo autorreconhecimento dos indivíduos como componentes de uma sociedade. O sujeito de direitos não nasce da individualidade, mas por meio da emancipação do grupo.

Ao assumirem o papel de meros centros de capacitação, destinados ao fornecer trabalhadores (associados) qualificados ao mercado, os sindicatos assumem a função de um mini-Estado, como também eliminam as possibilidades de se constituírem centros aglutinadores e de se induzir a participação coletiva. O espaço do sindicato é o espaço da presença, condição da solidariedade pela percepção do outro, razão pela qual não acredito que possam ser instituídas novas formas de luta por meio do uso das redes de informação, inclusive de periódicos eletrônicos, nem que o instrumental tecnológico seja suficiente ou adequado para distribuir trabalho e informação.

A solidariedade em rede é a dos indivíduos concretos que se conhecem e se reconhecem como iguais; é o reconhecimento da dor, da necessidade e da felicidade do "próximo", mesmo quando distante. Até agora os novos instrumentos tecnológicos não induziram mais do que a rapidez da informação ao alcance de um clique, geralmente seguido do aperto de um "delete". É a informação descartável e a solidariedade distante, que se conforma com a manifestação do teclado.

No uso da Internet e das demais ferramentas eletrônicas de comunicação, tanto para o trabalho como para a diversão, predomina o individualismo e o afastamento do coletivo. Mesmo quando se trata de jogos, conversas ou interações com outros indivíduos, não há propriamente um trabalho coletivo, mas apropriações individuais das falas alheias. Raramente resulta daí um trabalho realmente coletivo, e uma das exceções é o software livre; ou seja, o paradoxo é existir algo de coletivamente concreto justamente na criação de uma metalinguagem instrumental. Na maior parte dessas interações o indivíduo fica invisível à solidariedade do outro, e quando se trata de teletrabalho a solidariedade é dirigida apenas a quem "coordena" o trabalho, ao próprio capital.

A liberdade e a autonomia sindicais são imprescindíveis, mas parecem insuficientes na atualidade. Há nas estruturas sociais e econômicas uma margem tão mínima de liberdade para os indivíduos, que torna difícil a estruturação dos sindicatos como sujeitos coletivos da classe trabalhadora. O sindicalismo precisará mais do que se libertar no Brasil: precisará se reinventar sem, ao mesmo tempo, deixar de ser o que foi.

A ideologia liberal do consenso e do equilíbrio não dá conta de explicar o fenômeno coletivo nem constitui um método suficiente de solução para os conflitos. Democratizar é dar meios de participação aos que sofrerão os efeitos da decisão e não apenas buscar equilíbrio entre as forças em conflito. Em um país marcado pelo pessoalismo, pelo patriarcalismo e pelo patrimonialismo, nossa herança colonial, apenas buscar o equilíbrio e o consenso é permitir a permanência dos mecanismos morais, culturais e jurídicos que mantêm a maior parte da população na subcidadania, afastada das inovações tecnológicas relevantes. Aos pobres, aos favelados, aos desprovidos de efetiva educação, fica reservado apenas o acesso das mensagens e conversas eletrônicas instantâneas, obtidas em "lan houses", a pedra de crack disponível para os que não têm acesso a drogas mais refinadas, conquanto também convencidos da necessidade dessa viagem.

Nesse terreno o Direito do Trabalho se move como um desengonçado curupira, com os pés voltados para trás, mas destinado a andar para frente. Para dar conta de sua missão protetiva, o nosso curupira deve encantar os desencantados trabalhadores, fazer o bem e fazer o mal, ensinar e ser ensinado. Esse enganador pretende fazer que os caçadores retirem apenas o necessário, que não matem todos os animais da floresta. Como isso pode ser possível em tempos de descrença em nossas lendas e em nossas possibilidades emancipatórias?

O tempo da tecnologia, baseado na ideia mítica de progresso, é o tempo veloz sem futuro. Tempo presente e ao mesmo tempo ausente. As técnicas tradicionais legislativas não podem e não conseguem seguir a velocidade dos novos meios de informação. Assim, a adaptação do Direito aos novos tempos não pode se basear apenas na legislação, embora também dela não possa se afastar.

A reconstrução da normatividade, portanto, passa não apenas pela crítica ao positivismo, mas, principalmente, por uma recusa das abstrações metafísicas. A pessoa concreta do trabalhador e dos seres humanos, suas necessidades, seus anseios e suas dores devem ser a finalidade de qualquer ressignificação dos textos jurídicos. Um ordenamento jurídico só será efetivamente aberto, não totalitário, e dialeticamente movido pelos princípios e regras constitucionais se puder ter como destinatários as pessoas concretas da sociedade, em especial as menos providas de expressão linguística. De pouco serve afirmar abstratamente o princípio da dignidade humana, mas negá-lo nas condições concretas da vida.

O direito é, em qualquer circunstância, um produto cultural da sociedade. Assim, a cisão entre direito e sociedade ou a insuficiência dos textos normativos às necessidades da população só pode decorrer do afastamento do Estado, em todas as suas dimensões, dos reais anseios dos seus cidadãos, remetidos à condição de meros indivíduos. Nessas circunstâncias não haverá espaço para a cidadania, para sujeitos de direito, mas apenas para simulacros.

Os relevantes e difíceis conflitos relativos à correspondência eletrônica e à privacidade, portanto, só podem ser resolvidos coletivamente, mas não por meio de qualquer tipo de coletividade. É necessário transitar do "eu" para "ele" por meio do "nós". O perigo é supor que o direito legislado ou negociado, por si só, iguale os desiguais a ponto de desconsiderar as circunstâncias e as pessoas concretas. O múltiplo e cada vez mais complexo mundo da vida não se amolda bem a essa tendência metafísica.

Se o trabalhador tem o dever de guardar segredo a respeito de informações da empresa, também é certo que o tomador dos serviços possui o dever correspondente de guardar segredo a respeito das condições em que o trabalho é ou foi prestado. O descumprimento desses correspondentes deveres é mais frequente entre os tomadores de serviço, o que demonstra que há uma desproporcionalidade jurídico-ideológica na análise desse tema. É mútuo o dever de controlar os dados pessoais, mas as regulamentações são pensadas apenas para "disciplinar" a ação do trabalhador, como se este detivesse a maior parte do poder de uso da tecnologia.

Pondere-se, ainda, que se o tomador dos serviços pode utilizar as tecnologias de que dispõe para fiscalizar o trabalho prestado, inclusive para alcançar máxima produtividade, por que o trabalhador não poderia dispor dessas mesmas tecnologias para comprovar os eventuais descumprimentos do contrato e da lei perpetrados pelo tomador dos serviços? Todas essas questões merecem reflexão.

A finalidade da renovação normativa não pode ser apenas incluir sanções em caso de manejo inadequado dos instrumentos de trabalho, agora informatizados. Essas sanções, aliás, sempre estiveram fartamente distribuídas no ordenamento jurídico. O objetivo deve ser o de dar mútua transparência ao uso das novas tecnologias e, ao mesmo tempo, preservar um mínimo das bases contratuais em que estão inseridas as relações de trabalho. Por isso, os possíveis prejuízos físicos e psicológicos decorrentes de uso desses equipamentos precisam ser ponderados na construção coletiva de respostas adequadas aos conflitos gerados pela tecnociência.

Não é possível pensar em soluções aprioristicas, mas apenas convidar os homens à (re)humanização por meio de novos alicerces coletivos. Não apenas porque a produção de normas coletivamente negociadas gera confiança entre os contratantes, mas principalmente porque os transforma em efetivos sujeitos de direito.

O respeito ao detentor dos meios de produção não deve decorrer do direito de propriedade ou do contrato, mas da função social que reconheça e aplique no exercício desse direito. Embora no modo de produção capitalista não se possa recusar a hegemonia do contrato como meio circulatório de bens, pretende-se ponderar a acumulação daí decorrente com um mínimo de redução de desigualdades, com vistas não a uma abstrata dignidade humana, mas à aplicação concreta dos envolvidos.

É todo esse rico debate que essa oportuna obra propicia.

José Aparecido dos Santos

Juiz Titular da 17ª Vara do Trabalho de Curitiba.
Mestre em Direito pela Pontifícia Universidade Católica do Paraná.

INTRODUÇÃO

"Se a natureza nos parece contraditória, é que nós não a compreendemos; e se a vida, de alguma sorte, se nos afigura como coisa injustificável, é que não possuímos a compreensão da sua verdadeira e legítima significação. Daí o interesse que ligamos às coisas da inteligência."[1]

A utilização das tecnologias de informação e de comunicação pela sociedade de trabalhadores resultou em modificações substanciais no modo de execução do trabalho, nas relações interpessoais e intergrupais, e na própria maneira de regência normativa.

As inusitadas formas de interações sociais, embora de caráter universal, por sinal, porque marcadas essencialmente pela presença massiva da *internet* e seus desdobramentos, a exemplo da comunicação que se faz pelo uso de equipamentos de alta tecnologia, atingindo bilhões de *internautas* em tempo real, primam, no entanto, por alta dosagem de fragmentadas individualidades.

Caso patente é o dos trabalhadores integrantes das categorias profissionais, os quais amarguram isolamento entre seus pares, acentuado pela ineficaz — e também pelo desinteresse, no caso brasileiro — atuação sindical para a salvaguarda ou conquista de direitos, muitos novéis, em face da automação profissional e mercadológica.

A energia, a informação e o conhecimento, na chamada *nova e atual economia*, foram deslocados virtualmente para os mecanismos internos das novas tecnologias, tendo o computador como seu núcleo central. Assim, os recursos humanos qualificados para o campo em questão se tornaram relevantes em razão de seu imprescindível papel no real desenvolvimento das empresas e de seus produtos e serviços num mercado altamente competitivo.

O manejo das ferramentas informáticas requer, por outro vértice, cuidado, em face da saúde do próprio trabalhador, e de terceiros beneficiários, no local de trabalho e no ambiente de vivência.

Um dos lados perversos da utilização da tecnologia digital é que a desqualificação profissional do trabalhador acentua o desemprego e mesmo a existência de postos de serviços, onde aquela se faz presente em longa escala, sem se olvidar a crise econômica em voga.

---

(1) BRITO, Raimundo de Faria *apud* WEBER, Thadeu. *A filosofia como atividade permanente em Farias Brito*. Canoas: La Salle, 1985. p. 35.

As relações de poder e de sujeição entre trabalhador e empresário, por sua vez, estão altamente sensíveis e questionáveis com arrimo em disposições constitucionais, mormente das que versam sobre direitos de propriedade e os de caráter personalíssimo, nesta era de socialização das informações e do conhecimento.

Enfim, pontuais circunstâncias individuais e coletivas de toda sorte derivam do uso das tecnologias digitais pelos trabalhadores e pelos empreendedores, que não encontram, ainda, satisfatórias soluções, seja na legislação estatal ou de outras índoles, a exemplo da doutrina e, em especial, da jurisprudência, pelo que são detalhadas no presente escrito pelo grau de importância que se lhe atribui em face de rotinas vivenciadas em casos tópicos brasileiros ou alienígenas, com enfoque aos da Espanha, bem como soluções desejáveis e pertinentes, buscadas com ardor na esfera coletiva.

Investe-se, inicialmente, na questão afeta à *proteção* do trabalhador, este enquanto partícipe de uma relação contratual, e na forma de atuação dos sindicatos no Brasil. Jogam-se pinceladas acerca das alterações econômicas e financeiras globais e da postura sindical diante desta inédita e intrincada realidade fática, quando o intento é a defesa dos prestadores de serviço em sentido amplo, com ênfase para atuação dos sindicatos com liberdade e autonomia.

Trata-se, na sequência, acerca da tecnologia digital e seus reflexos *no* direito do trabalho, e *ao* trabalho propriamente dito, com relevo para o conhecimento do próprio sistema técnico de informação e da necessidade de pessoal com capacitação profissional para se obter a real compreensão e a verdadeira e legítima significação do novo modelo econômico e de vida na presente comunidade universal.

Na trilha se segue mostrando que se deve ter por bússola primeira os dispositivos e os princípios gerais constitucionais que norteiam a forma de vida do trabalhador enquanto integrante de um empreendimento econômico, de um determinado grupo social, ou mesmo de uma comunidade. Revela-se que a aplicação de tal fórmula é a garantia da preservação da dignidade do trabalhador. No campo individual, agitam-se os direitos personalíssimos, em destaque para o da intimidade, e circunstâncias outras afetas ao sigilo de informações e de liberdade de comunicação, cujos dados trafegam pelos canais informáticos — como a prova de faticidades em caso de abusos ou inadequados usos do equipamento tecnológico —, mormente no local da prestação de serviços.

Fala-se, por fim, sobre o direito que deriva da tecnologia, a melhor forma de se legislar a respeito e itens realmente sensíveis do trabalhador enquanto partícipe da comunidade digital, suas concretas possibilidades, sempre com realce para o coletivo e com a indispensável e efetiva participação, preferencialmente *in loco*, das agremiações sindicais.

I — TRABALHADOR. EMPREENDEDOR. SINDICATO

1.1. A *proteção* na relação capital & trabalho

Desde sempre se perfilha a ideia de que o trabalhador, ao destinar sua força de trabalho a outrem mediante contraprestação financeira, mormente em situação de evidente dependência, está sob a batuta de diversos e especiais princípios que regem o Direito do Trabalho.

Aclama-se o *princípio da proteção*, o qual, "... ao invés de inspirar-se num propósito de igualdade, responde ao objetivo de estabelecer um amparo preferencial a uma das partes: o trabalhador".[2] Nessa linha, mediante a efetiva tutela do trabalhador, pretende-se obter a igualdade de tratamento entre os contratantes nos âmbitos jurídicos substancial e processual do trabalho.

No Brasil a ideia em questão está fortemente arraigada nos meandros jurídicos e nos círculos sociais e econômicos nos quais interagem emprego e mercado. Consequentemente, o judiciário trabalhista, promotor de soluções dos conflitos de mesma índole, segue mesmo rumo *protetivo* advindo da legislação trabalhista.

Tempo e circunstâncias de outrora justificavam comportamentos legislativo e judiciário de forma eminentemente tutelar devido aos abusos praticados entre pessoas com poder e capacidade econômica para, a seu alvedrio, e com plena liberdade de ação, contratar trabalhadores e subjugá-los aos seus exclusivos interesses, mediante diferentes formas de exploração.

Com efeito, "en los comienzos de la legislación laboral puede hablarse de una finalidad institucional única del Derecho del Trabajo: la finalidad tuitiva o protectora de la persona del trabajador. Este planteamiento unilateral no se corresponde con la complejidad actual de los ordenamientos laborales, en los que resulta claro que a la finalidad de protección individual se han añadido otras de carácter colectivo o de naturaleza económica".[3]

Questiona-se, até mesmo, a própria existência do *princípio de proteção*, considerando-se "... por princípio uma proposição ou diretriz geral que explica o fundamento de certa disciplina jurídica e inspira o legislador na edição da norma e o intérprete em sua aplicação".[4]

---

(2) RODRIGUEZ, Américo Plá. *Princípios de direito do trabalho*. São Paulo: LTr, 1993. p. 28.
(3) VALVERDE, Antonio Martín; GUTIÉRREZ, Fermín Rodríguez-Sañudo; MURCIA, Joaquín García. *Derecho del trabajo*. 16. ed. Madrid: Tecnos, 2007. p. 60.
(4) ROMITA, Arion Sayão. Direito e justiça — lucubrações etimológicas (algo fútil) sobre o princípio de proteção. In: *Revista LTr Legislação do Trabalho*, São Paulo: LTr, ano 73, p. 22, jan. 2009.

Ainda na hipótese brasileira, especificamente, a legislação de índole laboral foi, de fato, instituída quando no poder o governo autoritário e corporativista, pelo que "... longe de proclamar o primado de qualquer dos fatores de produção, cuida de preservar, privilegiar e proteger os superiores interesses da produção nacional (...) de sorte que os destinatários da 'proteção' vêm a ser, em última análise, os detentores do poder estatal e econômico."[5], não, unicamente, os próprios trabalhadores.

De qualquer sorte, necessidade houve de imposição de regras legais para (r)estabelecer o equilíbrio das relações trabalhistas, considerando-se, à época, as sociais turbulências existentes no próprio sistema de mercancia, pelo que plenamente útil a consignação oficial de direitos outros, mínimos, em prol também dos trabalhadores.

O certo é que a exata função do direito é o patrocínio da justiça, significando entregar para cada consorte o que lhe pertence, dentro de uma justiça idealizada, jamais utópica. "Se para dar atuação prática ao ideal de justiça for necessária a adoção de alguma providência tendente a equilibrar os pólos da relação, o direito concede à parte em posição desfavorável alguma garantia, vantagem ou benefício capaz de preencher aquele requisito."[6]

Há extrema necessidade de se estabelecer plausíveis e individuais compensações para, ao menos, amenizar a desigualdade econômica, e mesmo social, entre o prestador de serviços e o respectivo beneficiário, a qual vem se acentuando ao longo da história e em especial na atualidade. Tais contrapesos perpassam, pois, pelo terreno da economia e, acima de tudo, no sistema de interpretação da imensidão legislativa.

"Las específicas finalidades sociales y económicas que persigue el ordenamiento laboral exigen, tanto en la producción de sus normas como en la aplicación de las mismas, una atenta observación del mercado de trabajo y de las relaciones laborales, tal como funcionan o se desarrollan en sociedades concretas y determinadas. En consecuencia, los métodos de elaboración y de interpretación del Derecho del Trabajo, sin caer en excessos proteccionistas, o utilitaristas, han de tener muy en cuenta la viabilidad, la eficacia y la efectividad de las soluciones adoptadas."[7]

O direito não vinga intuindo graduar peso protetório à específica personalidade. No plano trabalhista, em particular, a função do direito é de harmonizar a relação entre as partes integrantes do contrato de mesma natureza. Ou seja, em atenção a sua função eminentemente social, "... o direito do trabalho equili-

---

(5) Idem.
(6) Ibidem, p. 22-23.
(7) VALVERDE, Antonio Martín; GUTIÉRREZ, Fermín Rodríguez-Sañudo; MURCIA, Joaquín García, op. cit., p. 60-61.

bra as posições econômicas dos respectivos sujeitos por meio de concessões de garantias ao mais fraco, com o intuito não de protegê-lo, mas de realizar o ideal de justiça..."[8].

Na invocação de princípio a embasar concessões de benesses ou prerrogativas em prol do trabalhador não significa exclusiva proteção a somente citado contraente. Até porque o regramento trabalhista brasileiro contempla, também, garantias diversas ao empresariado, a exemplo das que tratam sobre a greve (delimitações) e falta grave (cometida pelo empregado, ensejadora da imediata dispensa por causa justa, com direitos elementares em seu benefício).

Marcando que a máxima segundo a qual "... 'em caso de dúvida, prevalecerá a interpretação mais favorável ao trabalhador' não deve ser considerada uma norma protetora contra o mais forte, pois sua essência é mais formosa: ela nos informa que *na oposição entre os valores humanos e os interesses materiais da economia, a justiça impõe a supremacia dos primeiros*".[9]

Entretanto, cada momento histórico dita seus específicos interesses e necessidades numa economia de mercado. Presentemente há que se fortalecer o mercado mundial, e, por tabela, as empresas pequenas, médias e até as de grande porte, em nível global, condições delicadas na condução de sua atividade negocial, estimulando a produção de bens e serviços, oportunizando, dessarte, a criação de novos postos de trabalho, ante o extraordinário e crescente número de desempregados (dispensas *em massa*). Ainda, nesse andar, as competentes autoridades devem fazer valer regras políticas, econômicas, sociais e legais intuindo a indispensável e eficaz fiscalização das atividades do mercado e principalmente do sistema financeiro em suas arriscadas e múltiplas ações, tantas vezes fraudulentas e prejudiciais a terceiros de boa-fé.

Portanto, não há que se falar ferozmente e, de forma única, em *proteção* direcionada apenas ao trabalhador. Tantos os empreendedores de boa-fé como os trabalhadores, na sua generalidade, estão em condições precárias no jogo capital & trabalho. Sem olvidar que, em decorrência da *atualizada e instantânea corrida tecnológica*, precisa-se urgentemente de trabalhadores especializados e multifuncionais (hodiernamente em número insuficiente) para a ocupação de inúmeros novos cargos nas sociedades empresárias que utilizam cada vez mais ferramentas com tipologia digital.

"La finalidad compensadora del Derecho del Trabajo tiene su fundamento, no en méritos o deméritos abstractos de los trabajadores y los empresarios como grupos sociales, sino en aspectos o datos concretos del mercado de empleo y de la relación de trabajo asalariado. Tales datos responden (...) a características estables de la estructura social y de la división del trabajo;

---

(8) ROMITA, Arion Sayão, *op. cit.*, p. 23.
(9) ROMITA, Arion Sayão, *apud* CUEVA, Mário de la, *op. cit.*, p. 25.

pero presentan no obstante, notables variaciones de grado o cantidad, según el país y el momento histórico. De ahí que el óptimo de la balanza compensatoria del ordenamiento laboral no coincida con la máxima ventaja para los trabajadores, sino con la dosis de compensación necesaria para contrapesar el desiquilibrio inicial de posiciones; dosis compensatoria que no es, por tanto, la misma en distintas épocas, en distintos países, o en distintos sectores del mercado de trabajo."[10]

Pelo menos no Brasil a questão pura e simples da *proteção*, estigma do Direito do Trabalho em relação ao trabalhador, por vezes não lhe traz benefícios. Tal sentimento "... exerce, atualmente, uma clara função social: emperra, retarda, impede mesmo o progresso das relações sociais (...) pelo efeito paralisante das justas reivindicações das classes trabalhadoras, que somente *no poder sindical encontram meio eficaz de contrabalançar a força econômica do capital*" (destacado).[11]

Não há que se aguardar, por outro lado, apenas decisões judiciais favoráveis aos obreiros, de forma individualizada ou coletiva, atitude paternalista (e protecionista) de quem atua em nome do Estado (Poder Judiciário) como último, único e certo recurso para a solução dos conflitos sociais e/ou econômicos. Noutras palavras, a partir do momento "... em que os sindicatos dos trabalhadores assumiram a posição (que lhes compete por direito de conquista) de contrapoder em face do capital e do poder político, ela não pode mais ser assumida por aqueles que têm consciência do papel a desempenhar na análise das relações trabalho/capital".[12]

1.2. Ativação real dos sindicatos

É de vital importância a concreta participação de entidades sindicais para a efetiva defesa dos interesses dos trabalhadores enquanto categoria profissional, enquanto integrantes de um grupo social, de uma sociedade, mormente a brasileira, em que aquela é relativamente incipiente, e sem total engajamento com a base que lhes dá sustentação e legitimidade. Ainda mais considerando que, com a Carta Maior de 1988, passou-se a dar amparo e validade a "... estipulações contratuais *in peius*, como se depreende dos dispositivos constitucionais que admitem a redução salarial[13] e a negociação da jornada de trabalho[14]".[15]

---

(10) VALVERDE, Antonio Martín; GUTIÉRREZ, Fermín Rodríguez-Sañudo; MURCIA, Joaquín García, *op. cit.*, p. 62.
(11) ROMITA, Arion Sayão, *op. cit.*, p. 23.
(12) *Idem*.
(13) Dos Direitos Sociais — art. 7º, VI, CF: "irredutibilidade do salário, salvo o disposto em convenção ou acordo coletivo;".
(14) Dos Direitos Sociais — art. 7º, XIII, CF: "duração do trabalho normal não superior a oito horas diárias e quarenta e quatro semanais, facultada a compensação de horários e a redução da jornada, mediante acordo ou convenção coletiva de trabalho;".
(15) ROMITA, Arion Sayão, *op. cit.*, p. 23.

Em verdade, não há que se falar em inferioridade — menoridade que, por consequência, necessita proteção — do trabalhador. A constitucionalização das prerrogativas afetas às entidades sindicais, bem como das reais possibilidades de promover e materializar reivindicações favoráveis à classe trabalhadora, revela que o direito coletivo do trabalho por aquelas conduzido traduz igualdade entre trabalho e capital quando particularmente transcrito em contratos coletivos comprovadamente cumpridos, bem como a supremacia do trabalho propriamente dito, "... porque os sindicatos dispõem da greve para lutar com o capital sem a intervenção do Estado, enquanto os empresários carecem de direito equivalente". Pois que, na generalidade, o "... direito coletivo do trabalho não foi uma concessão da burguesia ou do Estado, mas sim um direito imposto pelo trabalho ao capital".[16]

Registro autêntico é que inexiste real democracia nos sítios das entidades sindicais brasileiras, nada obstante a regulamentação constitucional de 1988 tenha orientação em tal sentido ao garantir a autonomia sindical, estimular a negociação coletiva[17] e prescrever sobre o direito de greve[18]. Com efeito, mantiveram-se estipulações de origem do Estado Novo, a exemplo da unicidade sindical (art. 8º, II, CF), a sindicalização por categoria (art. 8º, II, CF) e obrigatória contribuição (art. 8º, IV).

---

(16) *Ibidem*, p. 25.
(17) "**Art. 8º** — É livre a associação profissional ou sindical, observado o seguinte:
I — a lei não poderá exigir autorização do Estado para a fundação de sindicato, ressalvado o registro no órgão competente, vedadas ao Poder Público a interferência e a intervenção na organização sindical;
II — é vedada a criação de mais de uma organização sindical, em qualquer grau, representativa de categoria profissional ou econômica, na mesma base territorial, que será definida pelos trabalhadores ou empregadores interessados, não podendo ser inferior à área de um Município;
III — ao sindicato cabe a defesa dos direitos e interesses coletivos ou individuais da categoria, inclusive em questões judiciais ou administrativas;
IV — a assembléia geral fixará a contribuição que, em se tratando de categoria profissional, será descontada em folha, para custeio do sistema confederativo da representação sindical respectiva, independentemente da contribuição prevista em lei;
V — ninguém será obrigado a filiar-se ou a manter-se filiado a sindicato;
VI — é obrigatória a participação dos sindicatos nas negociações coletivas de trabalho;
VII — o aposentado filiado tem direito a votar e ser votado nas organizações sindicais;
VIII — é vedada a dispensa do empregado sindicalizado a partir do registro da candidatura a cargo de direção ou representação sindical e, se eleito, ainda que suplente, até um ano após o final do mandato, salvo se cometer falta grave nos termos da lei.
Parágrafo único — As disposições deste artigo aplicam-se à organização de sindicatos rurais e de colônias de pescadores, atendidas as condições que a lei estabelecer."
"**Art. 114, § 1º** — Frustrada a negociação coletiva, as partes poderão eleger árbitros."
(18) "**Art. 9º** — É assegurado o direito de greve, competindo aos trabalhadores decidir sobre a oportunidade de exercê-lo e sobre os interesses que devam por meio dele defender.
§ 1º — A lei definirá os serviços ou atividades essenciais e disporá sobre o atendimento das necessidades inadiáveis da comunidade.
§ 2º — Os abusos cometidos sujeitam os responsáveis às penas da lei."

A unicidade contratual fere o direito de plena liberdade sindical. Compete apenas e exclusivamente aos interessados, no caso os trabalhadores, decidir se é ou não conveniente a manutenção de sindicato único, jamais por imposição estatal via regras jurídicas. Na mesma linha quanto à sindicalização por categoria profissional (art. 8º, II, CF), fato que possibilita o controle da organização sindical pelo Governo. Assim, a noção de categoria ainda "... funciona como um meio eficaz de reduzir o sindicato [ainda mais] à impotência sem que se torne preciso proibir a sua existência."[19] O sindicato, no Brasil, além de servir, em casos diversos, a interesses particulares de determinados dirigentes, estão atrelados ao próprio Estado por evidente utilidade política.

Veja-se que ainda permanece em vigência o chamado *imposto sindical*, ou *contribuição sindical obrigatória*, o qual é incompatível com o regime democrático. Lembrando que o mesmo é "... típico do regime corporativo, só contemplado pelo direito positivo na [então] Itália fascista...".[20] Tal depõe contra as justificadas liberdade e autonomia que os sindicatos supostamente alegam possuir. O pagamento do numerário pertinente é obrigatório porque decorre de lei. Todos os integrantes da categoria, associados ou não dos entes sindicais, devem contribuir. A contribuição em questão é distinta das voluntárias, fixadas em estatuto das agremiações ou em assembleias gerais dos associados.

No mais, existem, no Brasil, duas vertentes quanto ao movimento sindical. Uma "... caracterizada por um sindicalismo de Estado, [que] carrega a herança do Estado Novo de Getúlio Vargas: exerce funções basicamente assistenciais e seus mais destacados dirigentes, ressalvadas as honrosas exceções, submetem-se gostosamente à lei de bronze da oligarquia de Michels. Após galgarem os degraus que conduzem ao topo das respectivas entidades, eles desenvolvem interesses próprios, particulares, desvinculados dos interesses dos grupos que dizem representar. A ação dessas entidades de classe volta-se, quase sempre, para a satisfação das vantagens ou privilégios pessoais ou da diretoria". Salutar, por enquanto, e até mesmo alentadora, no entanto, a segunda corrente, que "... é representada pelos sindicatos filiados às duas centrais mais combativas, a saber a CUT [Central Única dos Trabalhadores] e a Força Sindical", as quais "... ostentam um grau mais elevado de representatividade".[21] Envolvem-se em grandes questões em nível nacional mormente para a salvaguarda de direitos assegurados aos trabalhadores em geral, ou ameaças de dispensas *em massa*. Tanto assim que há movimentação conjunta destas centrais dos trabalhadores, de partidos políticos e de associações nacionais de magistrados intuindo a regulamentação das dispensas coletivas.

---

(19) ROMITA, Arion Sayão. A (des)organização sindical brasileira. In: *Revista LTr Legislação do Trabalho*, São Paulo: LTr, v. 71, n. 06, p. 669, jun. 2007.
(20) *Ibidem*, p. 670.
(21) *Ibidem*, p. 670-671.

Nada obstante, a existência das citadas centrais sindicais, mais relevantes no Brasil, diga-se, não se inserem no chamado sistema confederativo de que trata a legislação de índole laboral (Consolidação das Leis do Trabalho). São agremiações civis e coordenam entidades sindicais e não atividades ou categoriais profissionais. Entretanto, "... as centrais têm sido objeto de disposições de leis ordinárias e é a elas que o Poder Público acorre quando necessita de um interlocutor qualificado para falar em nome do movimento sindical".[22]

A Lei n. 11.648, de 31 de março de 2008, proporcionou o reconhecimento formal das centrais sindicais, com âmbito nacional na representação geral dos trabalhadores, com atribuições e prerrogativa para "... I — coordenar a representação dos trabalhadores por meio das organizações sindicais a ela filiadas; e II — participar de negociações em fóruns, colegiados de órgãos públicos e demais espaços de diálogo social que possuam composição tripartite, nos quais estejam em discussão assuntos de interesse geral dos trabalhadores." Tais organismos são entidades de '... direito privado composta[s] por organizações sindicais de trabalhadores.' (parágrafo único).

Desta forma, as organizações centrais "... assumem agora, com apoio legal, no seu conjunto a representação dos trabalhadores, mas apenas no plano político, para a defesa de assuntos de interesse geral, inclusive de natureza trabalhista e previdenciária. Os colegiados, fóruns e conselhos, necessariamente tripartites, realizarão a aliança possível entre capital, trabalho e governo, num sistema assumidamente capitalista, mas mesmo limitada ao discurso programático, promova a dignificação do trabalho humano juntamente com a livre iniciativa".[23]

Como alude *Romita*, há necessidade de, no Brasil, se democratizarem, o mais rápido possível, as relações coletivas do trabalho em todo o seu contexto, rompendo, assim, com a estrutura sindical cercada de autoritarismo e de cunho paternalista.

"O sindicalismo constitui elemento indispensável à vida do Estado contemporâneo de índole democrática. Longe de eliminar a importância do sindicato, o processo de globalização e de reestruturação econômica a realçou. A regulação conjunta das relações de produção constitui um imperativo indeclinável da democracia participativa. O progresso das relações sociais depende da atuação esclarecida dos sindicatos, no desempenho da função, que lhes é inerente e indelegável, de defender a dignidade do trabalho com base no espírito de solidariedade."[24]

---

(22) *Ibidem*, p. 671.
(23) AROUCA, José Carlos. Centrais sindicais — autonomia e unicidade. In: *Revista LTr Legislação do Trabalho*, São Paulo: LTr, v. 72, n. 10, p. 1.159, out. 2008.
(24) ROMITA, Arion Sayão. A (des)organização..., p. 673.

II — GLOBALIZAÇÃO. TRABALHO. MOVIMENTO SINDICAL

2.1. Metamorfoses globais

As condições econômica, financeira e mormente social da comunidade global estão, na sua generalidade, em colapso. Resultado do enfrentamento de concomitantes crises nas áreas de finanças, de energia e ambiente, as quais estão interligadas e são fomentadas de forma recíproca.

Evidentemente a solução do impasse deve ser procedida de forma conjunta. Em um tempo não muito distante, a população mundial será na casa dos nove bilhões, e mais profundo ainda será o impacto na produção de bens e no consumo, sem olvidar na acelerada escassez do petróleo e outros combustíveis fósseis, a exemplo do carvão e gás natural.

Consequência atual reflexa da crise generalizada é o encarecimento de bens e serviços, com progressiva elevação dos preços, com o que a economia do planeta se contrai, com diminuição do poder de compra e fechamento de fábricas e de postos de serviços.

Em outros termos, a globalização tornou-se insustentável dos pontos de vista econômico e ambiental. Grandes instituições financeiras e empreendimentos econômicos, aparentemente sólidos, estão implodindo, levando consigo um rastro de destruição, cujo maior prejudicado é o trabalhador.

Não por acaso que "... ambições de emancipação e de solidariedade internacional permanecem bem vivas nos dias de hoje, sobretudo por ter sido o capital e não o trabalho a lograr internacionalizar-se com êxito"[25], embora, como dito, em doentia situação.

Pode-se dizer que houve sim mundialização do desemprego, daí por que se articula com *o novo internacionalismo operário*, trazendo, pelos interessados, a lume arcaicos objetivos e noveis métodos de luta para a conquista de direitos primários na seara laboral, assim como extraordinários, gerados em decorrência das contingências que assolam o mundo, inclusive por conta da própria evolução da tecnologia.

---

(25) SANTOS, Boaventura de Sousa; COSTA, Hermes Augusto. Introdução: para ampliar o cânone do internacionalismo operário. In: *Trabalhar o mundo*: os caminhos do novo internacionalismo operário. Rio de Janeiro: Civilização Brasileira, 2005. p. 21.

Luta-se pela efetiva emancipação dos trabalhadores. Na vanguarda, devem estar, sem dúvida, os sindicatos, acompanhados, também, das demais organizações nacionais e internacionais de diversas índoles (inadmissível, na atualidade, a consideração do capital como único e exclusivo *agente de transformação social*). Os conflitos gerados em nível global comportam soluções diversas; a resistência oferecida pelo sindicalismo frente aos interesses da classe trabalhadora vai além, registre-se sempre, da busca por aumentos salariais, da garantia do pleno emprego e do provimento de benefícios sociais, como concretamente ocorria (e ainda ocorre) em passado próximo.

Diante, pois, das profundas alterações da ação capitalista no mundo do trabalho, a exemplo das perpetradas pelas empresas transnacionais (ETNs), que promovem a redução das economias nacionais em nível local, restringindo, por conseguinte, a ativação sindical em nível nacional; do acréscimo extraordinário do número de trabalhadores desempregados, fomentando ainda mais o processo de exclusão social; do "... deslocamento dos processos produtivos e a predominância dos mercados financeiros sobre os mercados produtivos;..."; da divisão dos mercados de trabalho, acarretando a conservação dos "... segmentos degradados da força de trabalho abaixo do nível de pobreza; do desenvolvimento de uma cultura de massas dominada pela ideologia consumista e pelo crédito ao consumo; do aumento dos riscos contra os quais os seguros apropriados se revelam inacessíveis à grande maioria dos trabalhadores..."; da revolução da forma do desenvolvimento do trabalho mediante a utilização da robótica e automação de ponta, dentre outros, é que houve condução a um capitalismo caracterizado pela ausência do trabalho propriamente dito, ao insuficiente e, por vezes, ineficaz poder de mobilização nacional, especialmente de forma internacional, à divisão dos trabalhadores, à individualização do próprio trabalho e, porque não dizer, da transformação dos trabalhadores temporários em permanentes.[26]

O contexto que se apresenta, por outro lado, é pela total flexibilização das relações contratuais e respectivos processos de regulação normativa, aparente solução da crônica problemática enfrentada pela classe trabalhadora. Tanto assim que a própria Organização Internacional do Trabalho coloca em relevo divergências diversas sobre sua elaboração legislativa. Com efeito, "... la mundialización y la consiguiente competencia comercial desenfrenada a nivel internacional, los rápidos cambios tecnológicos y las nuevas modalidades de trabajo reforzaron estas divergências y contribuyeron a acelerar una transformación del sistema de normas".[27]

Neste cenário, urge a tomada de competentes medidas para aplacar a visível derrocada do próprio direito do trabalho e ao do trabalho propriamente

---

(26) *Ibidem*, p. 23-24.
(27) POTOBSKY, Geraldo Von. El devenir de las normas internacionales del trabajo. In: *Revista de Derecho Social Latinoamérica*. Buenos Aires: Bomarzo Latinoamericana, n. 3, p. 11, 2007.

dito, assim como os de índole social e econômico, resgatando-se, o quanto antes possível, a dignidade do cidadão enquanto tal e mormente na condição de trabalhador.

Indispensável, outrossim, mesmo nesta era marcada pela fragmentação generalizada, a contundente presença e efetiva participação dos sindicatos. Inicialmente, há que haver estímulos de toda a sorte por parte dos líderes sindicais, de outras entidades públicas e privadas com interesses afins, assim como dos próprios estados nacionais, para que haja efetiva mobilização dos seus trabalhadores, bem como permear a organização sindical com relevantes e polêmicos temas sociais, culturais, econômicos, financeiros e políticos, ultrapassando, como dito, a clássica e limitada competência/capacidade de buscar melhorias econômica e social em prol de determinada categoria profissional ou de específico grupo de trabalhadores.

Um universo de obstáculos sem dúvida, neste mister, subsiste. Todavia, há escorreitos meios de superação. Aventa-se, inclusive, pela união de forças, ou seja, fortalecer, sistematicamente, a base institucional que ampara o chamado internacionalismo operário, evidentemente com nova roupagem, cuja entidade sindical é, ainda, protagonista central, seja em nível local, setorial, nacional ou de amplitude internacional, "... até porque o internacionalismo operário em ação pode derivar simplesmente de constantes e recíprocas ações de solidariedade entre centrais sindicais e sindicatos de dois ou mais países, pertencentes ou não ao mesmo bloco regional".[28]

Não olvidando que a modalidade de abordagem pode caminhar, também, sem sombra de dúvida, pela "... dinamização de debates e ações conjuntas entre as confederações sindicais mundiais visando ao cumprimento dos padrões laborais mínimos estabelecidos pela OIT; a participação das organizações sindicais regionais em fóruns institucionais de âmbito regional; as negociações entre ETNs e organizações de trabalhadores de dois ou mais países, envolvendo, por exemplo, a informação e consulta de trabalhadores; as negociações coletivas entre ETNs e FSGs [federações sindicais globais], envolvendo, por exemplo, acordo sobre códigos de conduta destinados a respeitar direitos laborais; a organização de greves e formas de protesto público em escala transnacional; as redes regionais e internacionais de sindicatos em defesa dos direitos laborais; a fusão de sindicatos como forma de tornar mais coesa a organização operária internacional, etc.".[29]

Enfim, há que se ter presente que a luta sindical tem caráter coletivo e de dimensão mundial, tal qual a crise, o capital e o trabalho, pelo que há que se reconsiderar todas as questões afetas à própria identidade sindical, cujos entes

---

(28) SANTOS, Boaventura de Sousa; COSTA, Hermes Augusto, *op. cit.*, p. 29.
(29) *Idem*.

pertinentes deverão oferecer adequadas respostas à comunidade e em especial ao trabalhador/cidadão, de forma organizada e responsavelmente coletiva.

2.2. Movimento sindical na chamada *nova economia*

Nada obstante a constatação generalizada de ineficácia da atuação dos sindicatos frente às constantes e novas transformações nas relações interpessoais e interempresariais, bem como de "... as carências de sua capacidade de se projetar sobre os trabalhadores que representa e a consequente perda de influência em amplas camadas da sociedade..."[30], há que se depositar confiança (=esperança) em tal instituição, forçando, de forma individual e modo coletivo, ferrenha atuação combativa reivindicatória e também de proposição, em especial no país Brasil, em prol não somente dos seus associados, mas dos demais trabalhadores que estão à margem de sua proteção, e mesmo excluídos de qualquer proteção governamental.

Afinal, a importância que se atribui às "... *actitudes se reconece en los intentos cada vez mayores que se hacen para cambiarlas...*"[31] e considerando que "... *los ideales sobreviven a través del cambio y es la inercia frente a los retos planteados los que los mata...*",[32] de somenos relevância o fator distância.

Então, "... si es la distancia lo que impede el entendimiento, establezcamos una estructura política de representación, como las consultas conjuntas, los comités de empresa o la "resolución conjunta" con los representantes de los trabajadores. Pero estas estructuras son ineficaces a menos que los directivos estén dispuestos a proporcionar información y a compatir la toma de decisiones en los asuntos en los que estén en juego los intereses de los trabajadores. Si los directivos carecen de esta disposición, poco conseguirá una estructura por sí misma; por el contrário, si su actitud es abierta, la elección de la estructura puede convertirse en una consideración secundária".[33]

Nada mais do que a descentralização do poder e *vontade política* em atender aos interesses e exigências da classe trabalhadora em geral, normalmente em desvantagem diante dos detentores do capital, por assim dizer.

Concretamente verifica-se o crescimento do *poder* empresarial, especialmente pelas empresas de nível transnacional. Logicamente que, para restabelecer

---

(30) BAYLOS, Antonio. Representação e representatividade sindical na globalização. In: *Revista Trabalhista* — Direito e Processo, Rio de Janeiro: Forense, v. 5, p. 20, jan./mar. 2003.
(31) BROWN, Henry Phelps. Los orígenes del poder sindical. In: *Colección historia social*. Madrid: Centro de Publicaciones Ministerio de Trabajo y Seguridad Social, 1990. p. 381.
(32) ROMAGNOLI, Umberto, *apud* Tony Blair, em Renacimiento de uma palabra. In: *Revista de Derecho Social*, Alicante: Bomarzo, n. 35, p. 19, jul./set. 2005.
(33) BROWN, Henry Phelps, *op. cit.*, p. 383.

o equilíbrio, há que haver paralelo crescimento do poder de negociação coletiva em igual nível, significando a necessidade de liderança, liberdade e plena autonomia, com responsabilidade, repise-se, para a ação por parte dos representantes sindicais das categorias profissionais ou de grupos de trabalhadores.

Dificuldades mais amplas existem também na hipótese de *negociação coletiva mundial* por ausência de entusiasmo por parte de entidades sindicais, embates sobre questões religiosas e ideológicas, divergências de interesses entre países desenvolvidos e os chamados periféricos, legislação diversa entre nações, além de ausência de negociações coletivas e de efetivo interesse numa *solidariedade internacional*.[34]

"O que acontece é que a globalização ressalta os elementos mais críticos e introduz a dimensão mundial como cenário necessariamente exasperante desses interesses contrapostos no interior da força de trabalho, pelo que se faz mais notória a própria crise da função do sindicato."[35]

Além disso, há a questão da *crise de representação*, que respeita "... à dificuldade em que se encontra o sindicato para definir sua ação de tutela do interesse dos trabalhadores em geral em relação aos destinatários em concreto da mesma, isto é, a própria determinação do que se define como trabalhador ante a *pluralização da tipologia de relações de trabalho* e, em particular, da nova configuração que está assumindo o trabalho autônomo, categoria que cada vez mais se define como digna de proteção da mesma maneira que o é o trabalho por conta alheia".[36]

Some-se à questão o impacto causado pela tecnologia na questão da *distribuição de informações e do trabalho mediante a utilização do instrumental informático*, atingindo, além dos difusos direitos ligados ao trabalho, os atados à liberdade sindical e ao direito de greve. *"Se anuncia ya lo que habría de ser el futuro Derecho sindical virtual."*[37]

É o caso, por exemplo, do teletrabalho, no qual há predominância do individualismo e afastamento do coletivo, perfectibilizando a paulatina desintegração do poder sindical de articulação ou mesmo *desindicalização* de quem o realiza.

Noutros termos, a natural dispersão geográfica dos teletrabalhadores conduz a sua atomização, e, por consequência, *"... para el extrañamiento respecto de los sindicatos y representantes de los trabajadores em general y (...) para la individualización de las relaciones laborales"*.[38]

---

(34) SANTOS, Boaventura de Sousa; COSTA, Hermes Augusto, *op. cit.*, p. 31.
(35) BAYLOS, Antonio, *op. cit.*, p. 21.
(36) *Ibidem*, p. 21-22.
(37) UGUINA, Jesús R. Mercader. Derechos fundamentales de los trabajadores y nuevas tecnologías: ¿hacia una empresa panóptica? In: *Relaciones Laborales* — Revista Crítica de Teoría y Práctica, Madrid: Latley, v. 10, ano XVII, p. 29, maio 2001.
(38) *Ibidem*, p. 29.

Daí por que a necessidade de reais e eficazes sistemas de representação sindical, inclusive com a utilização maciça de novas redes de informação ou mesmo periódicos eletrônicos, possibilitando, assim, estreitamento de relações entre trabalhadores e os dirigentes de classe.

Existem, ainda, os grupos de trabalhadores que operam de maneira informal, sem qualquer vinculação direta ou mesmo indireta com terceiros, ou os contratados de forma terceirizada, os prestadores de serviços e os pequenos artesões, com forte presença na sociedade econômica do Brasil, o que gera "... a alternância da estrutura de classe e sua representação política e social,..."[39], pelo que há ascendência das Organizações Não Governamentais (ONGs), instituições financeiras e mesmo igrejas constituindo linhas de crédito financeiro para o atendimento dessa nova comunidade de trabalhadores, destacando, uma vez mais, que a realidade é muito mais diversificada do que a estrutura sindical que hoje se apresenta.

Imprescindível, marca-se, *sindicatos com efetiva representatividade e não apenas de presentação*. O aprofundamento da crise mundial deve significar uma retomada do papel político e mesmo simbólico do sindicato, não apenas tal qual ocorria no passado, mas algo novo para que suas decisões e interferências possam ser levadas a sério e em consideração na hora da final decisão, inclusive de índole política.

Ou seja, um determinado setor da sociedade necessita possuir e demonstrar sua força politizada, até porque a própria decisão política decorre da correlação de forças e também do posicionamento dos agentes coletivamente organizados. Lembrando que até mesmo o natural reconhecimento do outro como legítimo interlocutor releva, por si só, uma notória conquista.

Enfim, a força dos trabalhadores de influírem de forma contundente nas decisões políticas do Estado nacional depende de sua livre capacidade de auto-organização via agremiações sindicais, jamais da influência ou posição de seus respectivos representantes junto ao pertinente grupo governamental.

"Quanto maior a presença nas instituições políticas, mais participação coadjuvante em decisões governamentais. Ou, quanto maior a independência de classe, mais influência social terão os sindicatos e melhor a posição dos trabalhadores no Jogo Real da Política."[40]

É fato, pois, que "... em algumas experiências latino-americanas, recupera-se a noção de movimento sociopolítico como forma de superar as limitações culturais e organizacionais da forma sindical, inclusive em contraposição à

---
(39) BAYLOS, Antonio, *op. cit.*, p. 22.
(40) ROCHA, Bruno. Sindicalismo e decisão política. In: *Revista Voto, Política e Negócios* — encarte especial. Porto Alegre: Pallotti, n. 50, p. 10, dez. 2008.

mesma", como citado alhures através do fortalecimento das centrais sindicais (Brasil). Na Europa, por sua vez, há mudanças estruturais e de ação nas organizações sindicais do sul para abarcar, na sua representação, os trabalhadores autônomos, "... ainda que isso não esclareça as interrogações e problemas que se suscitam a respeito da aplicação dos tradicionais meios de ação sindical a esse coletivo".[41]

Sucede que existem direitos fundamentais que não são restritos a trabalhadores formalmente reconhecidos pelo Direito do Trabalho tradicional, que estão em estado de subordinação, mas também direcionados aos mencionados operários autônomos, aos artesãos, aos que laboram de maneira informal, e o mais, e, como tais, com real possibilidade de ampla defesa de seus direitos pela via sindical, vez que integrantes de uma grande coletividade igualmente em condição de desigualdade frente ao capital mundial.

O número de trabalhadores *informais* é tão elevado no Brasil que houve alteração na legislação previdenciária a respeito. Tais trabalhadores, por força legislativa, foram incluídos no sistema de previdência social oficial, mediante contribuições niveladas com seu *poder de compra* e, em contrapartida, o de usufruir diversos benefícios sociais. O Governo Federal, por sua vez, efetivamente aumentará extraordinariamente a arrecadação nesse debilitado espaço público.

São, portanto, todos, indistintamente, cidadãos, que de seu labor "... se espera identidad-rédito-seguridad, o sea los factores constitutivos de su personalidad..." [42], pelo que também merecedores da devida proteção pelo Estado e por entidades sociais diversas, especialmente sindical.

Assim, não há dúvida de que as próprias estrutura e função do sindicato devem ser transmudadas, evoluírem, acompanhando, passo a passo, as novas necessidades de todos os trabalhadores, indiscriminadamente. Noutros termos, "... es absolutamente indispensable que el sindicato restablezca una relación justa con la sociedad que dice que quiere representar en su globalidad, más allá del mandato asociativo de sus afiliados".[43]

> "Tiene que convertirse en aquélla que represente al trabajador en cuanto ciudadano más que al ciudadano en cuanto trabajador: las palabras son idénticas, pero los acentos están diversamente distribuidos para hacer entender que la unidad del sistema normativo a reconstruir alrededor del trabajo 'en todas sus formas y aplicaciones' se realiza en correlación con las necessidades del ´ciudadano que mira al trabajo como ámbito de chance de vida´, sin, empero, identificarse exclusivamente con el mismo en la amplia medida en que se abre a otros valores y se nutre de otros deseos."[44]

---

(41) BAYLOS, Antonio, *op. cit.*, p. 22-23.
(42) ROMAGNOLI, Umberto. Los derechos sociales en la constitución. In: *Revista de Derecho Social Latinoamérica*, Buenos Aires: Bomarzo Latinoamericana, n. 1, p. 42, 2006.
(43) ROMAGNOLI, Umberto. Renacimiento..., p. 19.
(44) ROMAGNOLI, Umberto. Los derechos..., p. 42.

Há que se democratizar, por assim dizer, as relações de índole laboral, a fim de que o trabalhador "... ciudadano en la sociedad, también lo sea en la empresa". Porém, relações trabalhistas democráticas e estabilidade/garantia no e de trabalho, de caráter subordinado ou não, são impensáveis e inviáveis "... sin libertad y democracia sindical. Porque el Derecho Del Trabajo [e, por tabela, direito ao próprio trabalho] es, por esencia, derecho coletivo". Ademais, a democracia sindical que se fala "... es la hierramenta que garantiza dirigentes representativos, con capacidad para instalar las demandas de las bases en la mesa donde se discute el reparto de las cargas y de los beneficios sociales".[45]

2.3. Liberdade e autonomia dos entes sindicais

Evidente que, no tempo porvir, não sucumbirão a forma de trabalho por dependência, tal qual ainda subsistente, e os desníveis de poder social inerentes à relação contratual mediante a qual se concretiza o intercâmbio entre trabalhador, prestador do labor, e tomador dos serviços, quem satisfaz a correspondente contraprestação salarial.

Também "apenas ha comenzado, en cambio, la lucha por la igualdad 'entendida como igualdad de oportunidades de elegir y mantener, también en la relación de trabajo, la propia diferente identidad y como correlativo derecho de adaptar el trabajo al propio proyecto de vida'."[46]

Neste andar, percebe-se a variedade de interesses pessoais e profissionais distribuídos numa multiplicidade de grupos de trabalhadores infinitamente distintos, trazendo como consequência a necessidade de entes sindicais que representem, como escrito, toda e qualquer classe de trabalhadores com seus infinitos planos e sonhos, englobando não apenas os que estão na ativa, mas também os que se encontram afastados do trabalho e mesmo os desempregados.

"Este sujeto representativo resulta portador de un interés coincidente con la ciudadania social de um país determinado. En esa condición coopera a la regulación de las relaciones de trabajo, desde una perspectiva global, lo que le obliga a realizar la síntesis, ante cada momento concreto, de los distintos intereses, posiblemente enfrentados, que concurren en el resultante."[47]

Um ator social, como diz *Baylos*, que, nesta condição, maneja seu poder em prol dos cidadãos em todos os domínios públicos e privados e de intercâm-

---

(45) CARTA DE COCHABAMBA: las relaciones laborales en el siglo XXI. Un modelo para armar. In: *Revista de Derecho Social Latinoamérica*, Buenos Aires: Bomarzo Latinoamericana, n. 3, p. 234-235, 2007.
(46) ROMAGNOLI, Umberto. Los derechos..., p. 42.
(47) BAYLOS, Antonio. Igualdad, uniformidad y diferencia en el derecho del trabajo. In: *Revista de Derecho Social*, Albacete: Bomarzo, n. 1, p. 15, jan./mar.1998.

bio político com o Estado. "He aquí la elaboración de la personificación del interés colectivo y de su sentido final en el Derecho del Trabajo."[48]

Assim, poder-se-ia, via o diálogo e final consenso sociais, promover o estabelecimento de padrões de trabalho e de cidadania mínimos nos acordos de comércio internacional, em vista da própria competição comercial mundial e a crescente flexibilização nos sistema de produção e respectiva elaboração legislativa.

Defende-se, a título exemplificativo, a instituição da chamada *cláusula social*, "... associada a uma dimensão social da globalização e representa um 'ponto de viragem na discussão sobre os padrões mínimos de trabalho em escala global'"[49], ou mesmo o estabelecimento dos chamados *códigos de conduta*, por parte das empresas multinacionais, como uma "nova opção através de uma autorregulação do setor privado usando a vigilância da sociedade civil"[50].

Na primeira hipótese, retorna à vida discussões acerca da efetiva liberdade associativa e o consequente direito à negociação coletiva, igualdade de tratamento e não discriminação no emprego, dentre outras, temas de principal relevância estabelecidos nas convenções da Organização Internacional do Trabalho (OIT).

Neste particular, e em tempos de economia globalizada, a elaboração de normas junto à OIT é prejudicada, seja porque surgem deficiências nas ratificações dos convênios, seja porque há diminuição do ritmo de adoção de novos instrumentos, ou mesmo pela natureza, estrutura e conteúdo das normas e respectivos controles de efetiva aplicação de convênios e recomendações.

A hodierna tendência na questão dos convênios coletivos "... es más bien en favor de los instrumentos marco, de tipo promocional y programático, con lineamientos que dejan cierta amplitud a los gobiernos y las partes sociales para concretarlos mediante medidas específicas en el plano nacional".[51]

Há incipiente iniciativa neste sentido na América Latina pelos integrantes do bloco Mercosul nos setores bancário, automobilístico e siderúrgico. Firmou-se, assim, a primeira convenção coletiva, "... no marco da empresa, de porte transnacional. Trata-se da convenção firmada, de um lado, pela Wolkswagen da Argentina e do Brasil, e, de outro, pelos Sindicatos Metalúrgicos filiados à CUT (Central Única dos Trabalhadores), do Brasil e o Sindicato de Mecânicos de Automotores da Argentina".

"Suas disposições estabelecem: o intercâmbio de informação; a realização de uma reunião anual conjunta entre as empresas e os sindicatos e as

---

(48) *Idem.*
(49) FERREIRA, *apud* SANTOS, Boaventura de Sousa; COSTA, Hermes Augusto, *op. cit.*, p. 36.
(50) COMPA, *apud* SANTOS, Boaventura de Sousa; COSTA, Hermes Augusto, *op. cit.*, p. 38.
(51) POTOBSKY, Geraldo Von, *op. cit.*, p. 45.

comissões internas de fábrica; o compromisso de prevenir conflitos por meio do diálogo permanente e de solucionar as divergências por meio da negociação, na medida do possível; o reconhecimento, por parte das empresas, da representatividade dos sindicatos celebrantes e das comissões internas como interlocutoras para o trato dos assuntos trabalhistas, bem assim do direito dos trabalhadores de organizarem-se em sindicatos e constituir as referidas comissões; formação profissional, prevendo a homogeneização dos programas de capacitação, a cooperação dos sindicatos e comissões internas na elaboração dos programas e o reconhecimento automático dos cursos realizados em qualquer dos estabelecimentos da empresa no Mercosul. Com essa experiência, vislumbra-se a perspectiva de consolidação do processo negocial nessa esfera."[52]

Quanto aos códigos de conduta, além da denúncia de que se prestam para marketing das empresas transnacionais — nas questões afetas à *responsabilidade* social —, possuem limitações para a sua implementação, vez que elaborados por aquelas, de forma unilateral, ocultando, assim, "... em vez de denunciar, a realidade das condições de trabalho em que se encontram muitas filiais, fornecedores e contratantes (...)", bem como evitam "... o envolvimento sindical (...), situando-se à margem da legislação, (...)" e traçam suas diretrizes mirando-se em padrões sensivelmente baixos, que envolvam a satisfação de valores pecuniários estabelecidos em lei e práticas de determinados locais; todavia "... o pagamento mínimo por lei em muitos países é bem inferior aos níveis de subsistência".[53]

Nada obstante os problemas estruturais e repercussões decorrentes, há que se estimular tais práticas — estabelecimento de cláusulas sociais e mesmo códigos de conduta —, pelas organizações de trabalhadores em geral, em nível mundial, pelo que o seu constante desrespeito, mormente pelas empresas transnacionais, traz prejudiciais consequências, como a reprovação geral do seu negativo comportamento na sociedade, o que não convém para seus objetivos negociais — perda de credibilidade, rejeição dos seus produtos e serviços pela comunidade, preterição em negociações diversas, inclusive em nível governamental, dentre outros.

Para a concretização e plena eficácia dos propósitos em questão, em particular o interesse dos trabalhadores, é evidente que o sindicato deve possuir plena liberdade e autonomia de ação. Afinal, "los sindicatos de trabajadores y las asociaciones empresariales contribuyen a la defensa y promoción de los intereses económicos y sociales que le son propios. Su creación y el ejercicio de su actividad son libres dentro del respeto a la Constitución. Su estructura interna

---

(52) SOARES FILHO, José. As negociações coletivas supranacionais para além da OIT e da União Europeia. In: *Revista LTr*, São Paulo: LTr, v. 71, n. 08, p. 913, ago. 2007.
(53) ICFTU, GIBBONS, VEIGA e BOOTH citados por SANTOS, Boaventura de Sousa; COSTA, Hermes Augusto, *op. cit.*, p. 38.

y funcionamiento deverán ser democráticos" (art. 7º, Constituição da Espanha); no brasileiro, igualmente *é plenamente livre* a associação profissional ou sindical, sendo vedado ao Poder Público qualquer interferência ou mesmo intervenção para seu regular funcionamento (art. 8º, Constituição do Brasil). Além disso, as leis supremas dos citados Estados soberanos garantem o direito à negociação coletiva entre os representantes dos entes coletivos patronais e dos trabalhadores com efetivos vinculativos.

Por óbvio que, sem tais premissas (liberdade e autonomia sindicais), qualquer tentativa de equacionar de forma isenta os grandes conflitos gerados nas relações laborais estaria sepultada. Não por acaso que a própria Constituição da OIT enuncia que, "... entre os meios susceptíveis de melhorarem a condição dos trabalhadores de assegurarem a paz, é a afirmação do princípio da liberdade sindical", e a Declaração de Filadélfia que "a liberdade de expressão e de associação é uma condição indispensável a um progresso constante".

No mais, não basta possuir liberdade com possíveis limitações. Com efeito, quaisquer trabalhadores e também "... as entidades patronais, sem distinção de qualquer espécie, têm o direito, sem autorização prévia, de constituírem organizações da sua escolha, assim como o de se filiarem nessas organizações, com a única condição de se conformarem com os estatutos destas últimas" (art. 2º da Convenção n. 87 da OIT).

Além do que, os sindicatos e "... as entidades patronais têm o direito de elaborar seus estatutos e regulamentos administrativos, de eleger livremente os seus representantes, organizar a sua gestão e a sua atividade e formular o seu programa de ação", enquanto que o poder governamental, via as competentes autoridades deve se abster "... de qualquer intervenção susceptível de limitar esse direito ou entravar esse direito ou de entravar o seu exercício legal" (arts. 2º e 3º, Convenção da OIT n. 87).

Liberdade de estabelecer condições econômicas e sociais adequadas aos trabalhadores ou mediar acordos de interesse global, a exemplo de grandes questões ambientais, financeiras, energéticas, dentre outras, de forma satisfatória é inerente a qualquer negociador. De maior importância ainda quando num dos vértices encontra-se a entidade sindical.

Mas, acima de tudo, como assevera *Romagnoli*, a organização sindical deve saber voltar a ser útil, como no princípio, "... a cuantos están obligados a enfrentarse en total soledad con una dividad irascible y completamente misteriosa como el mercado de trabajo. Por ello el sindicato debe activarse no sólo cuando un puesto de trabajo ha sido encontrado ya por el interesado, sino cuando lo está buscando sin poder encontrarlo y en consecuencia con anterioridad a la instauración de la relación laboral. Le será ello posible a condición de que prepare su utillaje para suministrar prestaciones de información — orientación —

formación profesional en sintonía con un cuidadoso y eficaz seguimiento permanente del mercado del trabajo; de lo contrario, los vacíos serán llenados por otros, con finalidades y motivos que hacen problemático confiar en los mismos"[54], especialmente no Brasil, que, enfatize-se, ainda está atrelado a determinados interesses privados e governamentais, porque assim se requer (seja para manutenção do controle, seja para promoção de particulares interesses).

No mais, o sindicato deve agir com plena independência. "En efecto, el sindicato es una formación que denota un pluralismo social que se coloca al lado del político para confirgurarse ambos como elementos básicos de esa construcción compleja que llamamos Estado Social. El pluralismo social implica el reconocimiento de una esfera de autonomia que se traduce en la capacidad de dotarse de una propia estructura organizativa, dictar su propias reglas de autotutela y ejercer una importante capacidad normativa sobre las reclaciones laborales en un amplio sentido."[55]

Neste diapasão, o sindicato exsurge como "... una instancia de emancipación y de participación de un proceso de igualación social..."[56] em nível global, com inúmeras proposições, com destaque para "... a dinamização de formas de interação face a face, envolvendo a classe trabalhadora no nível das suas bases e estruturas comunitárias; a substituição de modelos rígidos, centralizados, burocráticos por modelos de informação descentralizados, horizontais e flexíveis; o privilégio a atividades políticas e do trabalho criativo em detrimento das declarações verbais; a prática de uma 'solidariedade internacional em casa', combatendo as causas e os efeitos locais da exploração e repressão internacionais; a generalização de uma solidariedade ética, através do combate local às múltiplas formas de discriminação dos trabalhadores; o diálogo com intelectuais, comunidades científicas e com outros 'interesses' que não exclusivamente os sindicais; a 'abertura' do mapa do [novo] internacionalismo aos movimentos sindicais das mais distintas partes do globo".[57]

Não olvidando dos recursos tecnológicos que estão ao dispor de qualquer entidade ou trabalhador, evidentes facilitadores da mobilização e troca de informações em caráter universal. A própria *Internet*, por sinal, é de fácil acesso e não é dispendiosa, possibilitando "... novos trabalhos portadores de uma visão democrática e socialista do mundo...".[58]

Enfim, a nova postura das organizações sindicais globais requer, como dito, efetivas legitimidade e representatividade, tendo "... como referencia el

---

(54) ROMAGNOLI, Umberto. Renacimiento..., cit., p. 19.
(55) BAYLOS, Antonio. *Democracia política y sistema sindical*: reflexiones sobre la autonomia del sindicato. Disponível em:<http://www.uclm.es/organos/vic_investigacion/centros/celds/legislacion%20%jurisprudencia/salamanca/html >. Acesso em: 2009.
(56) *Idem*.
(57) SANTOS, Boaventura de Sousa; COSTA, Hermes Augusto, *op. cit.*, p. 45-46.
(58) *Ibidem,* p. 46.

universo general de los trabajadores, afiliados y no afiliados, transcendiendo el campo de la adhesión voluntaria, y este hecho necesariamente refleja una mayor dosis de pluralidad en el proceso de construcción de la identidad social del representante 'general'".[59]

E "... llega el tiempo en el que un sindicato dispuesto a repensarse a si mismo está obligado a integrar su rol de representación de ciudadanos em cuanto trabajadores dependientes [ou não] en la dirección de articular, diferenciar, especializar sus funciones para promover la industriosidad de la generalidad de los trabajadores en cuanto ciudadanos".[60]

---

(59) BAYLOS, Antonio. Igualdad, uniformidad..., p. 36.
(60) ROMAGNOLI, Umberto. Renacimiento..., p. 20.

III — TECNOLOGIA DIGITAL. DIREITO *AO* E *DO* TRABALHO

3.1. Preâmbulo

Sem qualquer sombra de dúvida que a atividade sindical que se requer, de forma incisiva, é aquela que promova o bem-estar social e profissional do trabalhador. Tal se faz necessário no espaço atual precipuamente em face do isolamento do trabalhador enquanto detentor de uma profissão e enquanto integrante de uma categoria cada vez mais fragmentada de trabalhadores. Justificativas para tanto estão, também, na evolução da tecnologia de informação e de comunicação.

É a luta coletiva para a garantia da cidadania, única marca que ainda possibilita a descoberta de novos caminhos para a emancipação e liberação dos espaços mais pobres e oprimidos, por assim dizer. Por sinal, a legitimação e concretização da própria cidadania "... parece a única capaz de fornecer ainda uma imagem unificante, de superar a fragmentação corporativa dos interesses e de 'representar' a unidade do indivíduo na diversidade de suas dimensões. Além da multiplicação dos estatutos diferenciados, a cidadania pode exprimir a plenitude da participação à vida coletiva e aos recursos econômicos".[61]

Lembrando que, na esteira de *Marshall*, a chamada *cidadania social* consiste em um espectro de direitos e possibilidades que cada indivíduo anseia perante o Estado, "... para obter a garantia de segurança de vida e de trabalho, que são, de vez em quando, necessárias para dar conteúdo de dignidade e de liberdade à existência individual".[62]

Para se dar *vida legal* aos direitos de cunho social numa sociedade altamente fragmentada, seja nas questões pessoais, seja nas questões profissionais, há que se requerer daquela instituição maior que lhes dá sustento e probabilidade de concessão, que é o Estado. Assim ocorreu (e ocorre) ao longo da história na qual permeia o capital e o trabalho, ou seja, tudo o "... que foi obtido sob a forma de direitos sociais na verdade foi arrancado com aquele tipo de violência legítima que é o direito de greve e a luta operária".[63]

Portanto, volta-se a destacar que: as agremiações sindicais são elementos indispensáveis para a manutenção dos direitos e vantagens adquiridos ao longo

---

(61) BARCELLONA, Pietro. *O egoísmo maduro e a insensatez do capital.* São Paulo: Ícone, 1995. p. 51.
(62) *Idem.*
(63) *Ibidem*, p. 60.

do tempo em prol dos trabalhadores, assim como para a obtenção de outros alternativos e mais benéficos à turma de operários que presta serviços na presente *era*, em que o trabalho é altamente impregnado por ferramentas tecnológicas de ponta.

Com efeito, a presença "... da telemática, tecnologia eletrônica de informática em rede de computadores, representa inexorável mudança nos hábitos cotidianos daqueles que a utilizam, promovendo sua inclusão definitiva em um mundo cada vez mais dinâmico...", assim como igualmente representa, em diversos segmentos da sociedade universal, nas camadas mais pobres e distantes das grande metrópoles, "... um formidável marco da desigualdade entre aqueles que têm e aqueles que não têm acesso a esse instrumento de informação".[64]

No entanto, no âmbito do discurso jurídico e mesmo doutrinal "... que se efectúa sobre las relaciones entre derecho del trabajo y los profundos procesos de transformación tecnológica del sistema industrial, a propósito de lo que se conoce, de forma abreviada, como repercusión sobre el ordenamiento laboral de las nuevas tecnologías, el tema sindical suele ignorarse o, en el mejor de los casos, presentarse como una instancia racionalizadora y compensatoria en los tiempos de introducción de las innovaciones tecnológicas".[65] Noutros termos, a referência, a respeito das atividades do sindicato cinge-se, na generalidade, em "... señalar la difícil subsistencia de la acción sindical y del propio sujeto representativo de los trabajadores en un mundo productivo tecnologicamente revolucionado".[66]

Evidente, repise-se, a extrema urgência e efetiva presença das entidades associativas para fins de amparo de toda sorte aos trabalhadores em geral, como posto em linhas transatas, em nível mundial, e também em particular nos próprios centros de trabalho. Isto porque, "... como es bien conocido, los efectos conjugados de las transformaciones organizativas y tecnológicas e de la crisis económica han provocado un notable incremento del paro y una importante diferenciación de los diversos estratos asalariados, hasta el punto de que el empleo estable en la gran empresa acaba transformándose en una especie de privilegio que hay que merecer".[67]

Superficialmente estável, diga-se, posto que, diante da flexibilização generalizada do tratamento social, político e especialmente jurídico dispensado ao relacionamento contratual entre trabalhador e o empresário, mantém, aquele, o emprego se mesmo indispensável para o seguimento da atividade negocial.

---

(64) LIMA, Roberto Kant de. Prefácio. In: CORRÊA, Gustavo Testa. *Aspectos jurídicos da internet*. 2. ed. São Paulo: Saraiva, 2002. p. XIII.
(65) BAYLOS, Antonio. Formas nuevas y reglas viejas en el conflicto social. In: *Revista de Derecho Social*, Albacete: Bomarzo, n. 2, p. 69, abr./jun.1998.
(66) Idem.
(67) HERNANDÉZ, María Luisa Martín; IBARRECHE, Rafael Sastre. Un "nuevo" espacio para la acción sindical: la defensa del medio ambiente. In: *Revista de Derecho Social*, Albacete: Bomarzo, n. 16, p. 65, oct./dic. 2001.

"Convivendo com o desemprego estrutural e a piora das condições de vida dos seus associados, os sindicatos terminam por ceder às pressões de toda uma rede de influências — desde o próprio capital até uma mídia literalmente confessora dos valores neoliberais, passando naturalmente por governos e instituições políticas — no sentido de admitir a flexibilização do direito do trabalho."[68]

Desponta, então, um agrupamento de pessoas institucionalizado como entidade sindical atemporal, incapaz de atender às reais e imprescindíveis necessidades dos dispersos operários. "De forma que cuando el sindicato retorna a la empresa considerando este ámbito el elemento básico de sua estrategia de actuación, no encuentra allí un colectivo laboral relativamente homogeizado, sino un conjunto fragmentado y desigual de trabajadores que no sólo tienen identidades propias y deferenciadas del tipo ideal de trabajador clásico, sino que tampoco disponen de un conjunto de tutelas claramente delimitadas, al punto que para muchos de ellos las tradicionales garantías de trabajo son tan desconocidas como los derechos democráticos que jamás gozan en el ejercicio de su actividad productiva."[69]

3.2. Conhecimento. Normatividade

"Sem conhecimento, não é possível tomar posições."[70] O juiz, "... para saber agir, isto é, para poder deduzir normas de conduta, é preciso, antes de tudo, conhecer o mundo e a si mesmo".[71] Sim, na medida em que "... ele coloca toda a sua carga ideológica na decisão que leva a cabo dentro do sistema. Está o jurista, como os demais cientistas, investido de poder pelo saber".[72]

Os representantes sindicais igualmente devem ter plena ciência do que se passa no trânsito do mercado e emprego para a correta tomada de decisões e soluções de possíveis conflitos de toda ordem. Com conhecimento de causa, fortalece seu poder como entidade de classe e, consequentemente, sua capacidade de barganha. Todavia, com a evolução da ciência e da tecnologia, "... deu-se o afastamento do cientista e do político [dos atores sociais em geral, dos próprios representantes sindicais, em particular] das questões políticas e das questões não políticas, que são, em suma, todas as questões humanas".[73]

---

(68) MELHADO, Reginaldo. *Metamorfoses do capital e do trabalho*. São Paulo: LTr, 2006. p. 101.
(69) BAYLOS, Antonio. La acción colectiva de los trabajadores en la empresa: reflexiones sobre algunos problemas derivados de la institucionalización sindical en ese espacio. In: *Revista de Derecho Social*, Albacete: Bomarzo, n. 27, p. 22-23, jul./sep. 2004.
(70) LEMOS, Ronaldo. Direito, tecnologia e cultura — parte 1 (introdução). In: _____ (Coord.). *Curso de direito eletrônico*. Rio de Janeiro: FGV, 2008. p. 14.
(71) WEBER, Thadeu, *op. cit.*, p. 55.
(72) FAGÚNDEZ, Paulo Roney Ávila. *Direito e holismo*: introdução a uma visão jurídica de integridade. São Paulo: LTr, 2000. p. 32.
(73) *Idem*.

Imprescindível, de fato, é que o operador jurídico, o ativista sindical, o trabalhador, o empregador, e o mais, tenham efetivo conhecimento do mundo cibernético e suas implicações, o que se perfaz mediante a intelecção do próprio sistema. E o direito que se pretende, verdadeiramente, é o que vai "... ao encontro das mais nobres aspirações humanas, interligando-se intimamente com as demais áreas do conhecimento, para que se obtenha matéria-prima necessária para sua verdadeira revolução".[74]

A mundialização do conhecimento, via programação eletrônica e seu instrumental, traz inevitáveis alterações, inclusive no que tange aos tratamentos normativos e pragmáticos dispensados ao trabalhador e suas circunstâncias.

Noutra linha, observam-se irreversíveis mudanças paradigmáticas, em curso, mormente neste século XXI. Por assim dizer, houve efetivo "... esvaziamento das categorias forjadas pela doutrina jurídica do século XIX, de racionalidade primordialmente lógico-formal, levando ao esgotamento de modelos analíticos exclusivamente jurídicos na solução de problemas normativos. Assim, a ordem jurídica torna-se um conjunto normativo ideal, contraposto a uma desordem real, derivada da incompatibilidade entre tipos de racionalidade distintos que se formam com certa autonomia no âmbito de diferentes instituições sociais".[75]

Deflui que o ordenamento jurídico vigente não mais atende, de forma eficaz, às presentes turbulências sociais. A legislação posta como tal há que ser rapidamente compatibilizada com o novo e mutante universo que se apresenta hodiernamente.

"Nesse sentido, a fundação de um 'direito da tecnologia' ocorre a partir do reconhecimento de que, quanto à tecnologia, 'o código é a lei' atribuído a *Lawrence Lessig* em 1999...", ou seja, tal código correspondendo ao suporte físico que compõe a *internet*, "... cujas próprias arquitetura e organização determinam normativamente o seu funcionamento...".[76]

Com efeito, quem utiliza rotineiramente a *internet* percebe sua impotência diante das parcas possibilidades e mesmo impossibilidades físicas de acesso a programas e informações com total liberdade e de forma gratuita (o mesmo ocorrendo em relação ao trabalhador quando em ação no próprio ambiente de trabalho por força de tantos outros metafísicos poderes, a exemplo do tipo diretivo empresarial), afora as múltiplas e indesejáveis *invasões* — imposição de correspondências eletrônicas, *v. g.* — por virtuais *alienígenas* ou mesmo por *conhecidos terrestres* em espaços privados do próprio *internauta*.

---

(74) *Ibidem*, p. 34-35.
(75) LEMOS, Ronaldo, *op. cit.*, p. 07.
(76) *Ibidem*, p. 08.

"Por isso a necessidade de se entender o funcionamento normativo dessa nova realidade, a partir de novas perspectivas, para as competentes estratégias de ação. Por exemplo, é preciso entender como a tecnologia se normatiza por meio do seu 'código', no sentido antes explicitado, de estrutura normativa fundada na própria arquitetura técnica da tecnologia. De nada adianta o jurista debruçar-se sobre o problema da privacidade na *internet* se ele desconhece o significado normativo da criação de um protocolo P3P[77], que permite inserir, na própria infraestrutura das comunicações *online*, comandos normativos de filtragem que bloqueiam ou permitem a passagem de conteúdo, sendo autoexecutáveis e, muitas vezes, imperceptíveis ao usuário. Também de nada adianta a regulação brasileira tomar posições, por exemplo, quanto à proteção de direitos autorais *online* se decisões anteriores àquelas, com impacto mundial, estão sendo tomadas diuturnamente nos Estados Unidos, impossibilitando a efetividade das decisões tomadas nos países periféricos e afunilando as possibilidades normativas futuras."[78]

Ocorre que a empresa multinacional do mundo virtual na era da informática visa, também, pelo que se percebe, a digitalização e o armazenamento do conhecimento em sentido amplo — às vezes sem qualquer permissivo contratual ou legal do indivíduo em particular, mas ao seu inteiro alvedrio e nem sempre com a integral chancela do Estado e mesmo de tribunais judiciais —, valendo-se, inclusive, da identificação dos hábitos dos indivíduos, colhidos através de informações e opções de compra e de escolhas de serviços ou mesmo de simples *cliques* operacionalizados pelos usuários em múltiplas páginas na *internet*.

Vislumbra-se, desta forma, o amplo domínio de tais agentes da tecnologia digital em diversos campos da atividade humana, seja no político, no social, no cultural, no legal, e o mais, na medida em que permeia, através de seus tentáculos cibernéticos, milhares de habitantes do planeta de todas as idades, níveis de renda, nacionalidades, etnias e religiões.

Na atualidade, a *internet* já é artigo básico e indispensável, pelo que cresce o poder em mãos das multinacionais virtuais. A sua força e sua potência se vislumbram, como dito, também no meio jurídico, na medida em que *compete* ao departamento pertinente da empresa virtual a decisão do que pode ou não ser exibido em seus *sites* em determinados países ou setores em nível global, como ocorre nos que ainda não aderiram totalmente ao sistema capitalista ou onde pululam crenças religiosas intolerantes a certos estilos de vida de sociedades diversas, em todas as suas manifestações.

---

(77) "P3P significa *platform for privacy preferences* (plataformas para preferências de privacidade) e é uma especificação que permitirá aos programas de acesso à internet, como Internet Explorer e Netscape, automaticamente entenderem políticas de privacidade determinadas arquitetonicamente pelo código." *Ibidem*, p. 26.
(78) *Ibidem*, p. 09.

Cria-se, assim, inexorável monopólio de índole virtual: uma faca de dois gumes, na medida em que, ao mesmo tempo, a *internet* é artigo de primeira necessidade e porque pode ser mesmo ruinoso para a humanidade, considerando que a cultura, a informação e o pensamento humano somente avançam com plena liberdade e diversificação.

O desenlace da problemática ínsita na chamada revolução tecnológica, portanto, não é simplificado na fórmula produção de regras jurídicas e correspondente aplicabilidade e/ou mediante a simples utilização de todas as ferramentas jurídicas outras disponibilizadas ao operador do direito e especialmente ao seu destinatário último, no caso específico em tela o trabalhador.

Providência primeira, por óbvio, como sempre, é a busca do necessário conhecimento acerca do ponto nevrálgico das concretas questões, que, na espécie, é um tanto complexo. Efetivamente há que "... se enfrentar as transformações do direito em face do desenvolvimento tecnológico dentro da teoria geral do direito, mas de uma perspectiva de resolução prática de problemas, e não de reorganização lógico-formal de conteúdos jurídicos de pouca ou nenhuma consequência prática...".

É, pois, na reconstrução da normatividade em seu sentido amplo dentro de uma perspectiva interdisciplinar, de forma crítica, como forma para "... analisar institutos jurídicos do ponto de vista dos interesses econômicos, políticos, etc. ...", considerando-se, mormente, que a "... grande peculiaridade das questões relativas à regulação tecnológica é seu inerente caráter global".[79]

Ressalta *Lemos* a relevância da questão que se apresenta nesta era digitalizada, considerando-se que a comunicação por este meio é sobresselente a outras formas de transmissão de mensagens.

Evidente, assim, repise-se, que o conhecimento que se deseja a todos os segmentos da sociedade — pelo exegeta, pelo operador do direito em geral, pelos ativistas sindicais, pelos próprios governantes, pelos próprios trabalhadores, pelos empreendedores, e o mais — seja bem mais abrangente daquele dito tradicional para a satisfatória busca da solução jurídica dos novos casos concretos trazidos à colação com suporte no irregular ou ilegal trânsito digital.

Na linha de pesquisa de *Lessing*, *Lemos* ainda coloca que, no mínimo, quatro fatores obstaculizam a liberdade da sociedade da informação da *internet* e da tecnologia digital, que são a *lei* (direito positivado nas diversas formas e graus de hierarquia), as *normas sociais* (usos, costumes e regras de conduta de sociedades ou afetas a específicas situações ou circunstâncias), o *mercado* (meio de acesso a

---

(79) *Ibidem*, p. 11-13.

bens econômicos) e a *arquitetura* ou *código* (alicerce do jogo informático e *"... fator regulador cada vez mais importante na sociedade de informação,..."*).[80]

Desta forma, prossegue o escritor, via *lei* (direito autoral; penal — injúria, calúnia, difamação, etc.), há direta ingerência sobre o conteúdo que trafega pelos caminhos digitais de comunicação; por meio de *normas sociais* restringe-se o envio/recebimento de mensagens eletrônicas contendo *pesado* ou *indevido* conteúdo (*ética da rede*); através do *mercado*, coíbe-se o livre acesso a conteúdo, cujo passe é liberado mediante uso de senha ou prévio depósito de *soldo* (critérios mercadológicos); por fim, mediante o uso da *arquitetura* ou *código*, pois, "... valendo-se dela que se torna possível a construção de ferramentas e a implementação de mecanismos para o fechamento de conteúdo na rede".[81]

"Dependendo da arquitetura, uma determinada mensagem enviada pode ser interceptada e lida por quaisquer terceiros enquanto trafega até o destinatário (tal qual um cartão-postal), ou pode ser fechada, permitindo que apenas o seu destinatário possa lê-la (tal qual um envelope fechado). É o caso, por exemplo, das comunicações com sites de bancos, onde as mensagens trocadas entre o banco e o usuário só podem ser lidas por esses dois polos de comunicação, e não por intermediários. Isso não ocorre por existir uma lei, uma norma social ou por fatores diretamente atribuídos ao mercado. Isso acontece porque a *arquitetura* da comunicação com o banco é diferente da comunicação com outros usuários e, portanto, torna-se confidencial entre as partes graças a um mecanismo técnico chamado *criptografia*, independente da intervenção da lei, do mercado ou de normas sociais. Aliás, esta é uma das principais consequências da *regulação arquitetônica*: ela produz efeitos imediatos, com imensa efetividade, independente de outros fatores reguladores."[82]

Daí a relevância, insista-se ainda, da questão do conhecimento global de todas as camadas que integram o sistema de comunicação *digital*, uma vez que o direito tal qual posto e entranhado na atual sociedade não mais atende aos reclamos dos jurisdicionados, pátrios e em nível universal. É fato que a informação, sob tal estrutura, não transita de inteira forma livre. "A estrutura que havia em 1995 não existe mais. Naquela época, os principais formatos de acesso e troca de informações (FTP SMTP e HTML) eram abertos, isto é, não sujeitos a nenhuma espécie de regulação arquitetônica, exatamente pelo fato de que sua arquitetura era planejada para garantir esse tipo de abertura[83] e uma dificuldade de controle."[84]

---

(80) *Ibidem*, p. 21.
(81) *Ibidem*, p. 24.
(82) *Ibidem*, p. 24-25.
(83) Modelos abertos são, assim, desenvolvidos e supervisionados em conjunto por todos os usuários da rede, e ninguém exerce monopólio de controle sobre eles. Por isso, ninguém controlava a linguagem sobre a qual as informações trafegavam na rede em 1995. *Ibidem*, p. 26.
(84) *Ibidem*, p. 25-26.

Por óbvio, assim, a tomada do *poder informático* pelas nominadas camadas proprietárias (empresas ou entidades, v. g.) de forma abusiva, sem a devida e regular passagem "... pelo escrutínio dos canais democráticos..."[85], além do que o *mecanismo arquitetônico* possui "... uma característica de autoexecutoriedade e inflexibilidade que nenhuma das outras formas de regulação possui".[86]

No caso da regulamentação cada vez mais abrangente pela *arquitetura*, "... o 'fator humano' fica cada vez mais de lado. Com ele ficam também o direito democraticamente estabelecido, as normas sociais, bem como quaisquer outros fatores sociais. Tudo é substituído pela decisão fria e apriorística do código (arquitetura), sem intermediários, juízes ou supervisores".[87]

A especialização técnica dos representantes sindicais e demais atores sociais e jurídicos é imperiosa, mormente no que tange à *arquitetura* do sistema informático para a tomada de eficazes decisões preventivas e eventualmente reparadoras. A normal e específica conduta de apreensão do conhecimento mediante leitura e interpretação da letra *fria* da lei e sua interação na sociedade não mais é suficiente para a resolução das demandas sociais em nível universal.

Rezende faz tal alusão ao escrever que, com o aparelhamento da sociedade mediante a aquisição e uso da rede mundial de computadores, ofereceu-se a oportunidade para a imediata comunicação de forma mundial, proporcionando, também, a "... célere e circulação de capitais e de oferta de produtos e serviços".[88] Assim surge "... o capitalismo global que, no universo do direito, cobra dos juristas o estudo de novos e importantes temas como a efetividade da contratação da oferta de bens e serviços no mundo virtual".[89]

Especificamente no universo capital *versus* trabalho, a complexidade e a quantidade de suas questões exigem pleno domínio no campo arquitetônico (= jurídico) — do aparelhamento digital para a solução dos respectivos embates, seja na esfera individual, seja no plano coletivo.

No primeiro caso, referencia o autor à "... validade de contratação de trabalho pela *internet*, o desenvolvimento da relação de emprego através da rede mundial de computadores e suas consequências para os clássicos paradigmas do trabalho, bem como as formas de controle de utilização das novas tecnologias de comunicação por parte do empregado pelo empregador".[90] Na segunda hi-

---

(85) *Ibidem*, p. 25.
(86) *Ibidem*, p. 27.
(87) *Ibidem*, p. 28.
(88) REZENDE, Roberto Vieira de Almeida. O trabalho prestado pela internet e a questão da subordinação jurídica no direito individual do trabalho. In: *Revista de Derecho Social Latinoamérica*, Albacete, Espanha: Bomarzo, n. 1, p. 187, 2006.
(89) *Idem*.
(90) *Idem*.

pótese, pontua a questão, outra vez repetida, afeta à "... fragmentação da classe trabalhadora e o esfacelamento da ação sindical provocados pelo trabalho prestado à distância, sem a presença física do trabalhador dentro das instalações empresariais".[91]

Em suma, todos os campos do direito estão indiscutivelmente permeados pela tecnologia digital. O trabalhador e o empregador enfrentam novos desafios na contínua e necessária atividade de produção de bens e serviços. Dessarte, é imprescindível a "... revisão dogmática dos conceitos que pareciam imutáveis no Direito do Trabalho a fim de que este possa cumprir seu papel de proteção do trabalho em face do capital"[92] e a atuação das agremiações sindicais com pleno conhecimento das questões técnicas e jurídicas que envolvem o próprio sistema que transmite as informações.

Seria um *novo sindicalismo social,* com propostas também de combate contra ínfimos salários, com controle maior no processo produtivo, nos investimentos, nas novas tecnologias, nas relocações de produção, nas subcontratações e nas políticas de educação e formação. Também na linha de práticas sociais e ambientalmente úteis, da efetiva diminuição da carga horária de trabalho ou partilha do trabalho doméstico, de promoção da democracia de base e o encorajamento de relações horizontais tanto entre trabalhadores como entre estes e outras forças sociais democráticas/populares.[93]

3.3. Tecnologia digital e trabalho

Para o devido cuidado da classe trabalhadora, quem produz, em última instância, bens e serviços para a sociedade empresária, a entidade sindical respectiva deverá ter plena ciência dos mínimos detalhes da forma como toda a operação de trabalho é desenvolvida, como explicitado no item precedente, e em especial das condições particulares de cada partícipe e de sua interação com o meio ambiente.

Há consideráveis mudanças no perfil do trabalhador na atualidade, tanto para o que presta serviços na própria sede da empresa, como para o que labuta fora dos seus domínios, a exemplo daquele que desenvolve suas atividades na residência ou específico local, seja na produção de peças em família, seja no desenvolvimento de trabalho intelectual tendo como forma de transmissão do produto final ao contratante o manejo dos computadores (*home office*).

---

(91) *Idem.*
(92) *Ibidem,* p. 188.
(93) SANTOS, Boaventura de Sousa; COSTA, Hermes Augusto, op. cit., p. 42-43.

Também se consolidam alterações diversas na forma tradicional de contratação do prestador de serviços, partindo-se, também, pelo viés eletrônico, no qual, portanto, a formalidade é substituída pela virtualidade. Ou seja, o documento concreto, formal e escrito transmuda para registros eletrônicos, e o mais.

A própria forma de produção de bens e serviços é transformada, requerendo empregados com formação de médio e de alto nível, sejam eles desde um simples analista até um engenheiro, advogado, funcionário público, altos executivos ou outra função qualquer.

Projetam-se os trabalhadores que prestam teletrabalho, cuja definição e respectivo âmbito de aplicação constam do chamado Acordo Marco Europeu sobre o tema firmado em Bruxelas no ano de 1992, nos termos em que "... es una forma de organización y/o de realización del trabajo, utilizando las tecnologías de la información en el marco de un contrato o de una relación de trabajo, en la cual un trabajo que podría ser realizado igualmente en los locales de la empresa se efectúa fuera de estos locales de forma regular".

A respeito do teletrabalho no Brasil, específica legislação não vinga, mas há alusão a respeito do prestador de serviços em face da automação no art. 7º, incisos XXVII[94] e XXXII[95], da Carta da República. Na legislação portuguesa há referência ao trabalho prestado em estado de subordinação jurídica, de forma habitual, em local diverso da sede da empresa contratante, mediante o manuseio de tecnologias de comunicação e de informação (art. 233, Código do Trabalho, ano 2003).

Consta do Estatuto dos Trabalhadores da Espanha o trabalho realizado em domicílio, do próprio trabalhador, "... o en lugar libremente elegido por este y sin vigilância del empresario" (art. 13). Destaque para o seu item 5, no qual se faculta a este tipo de obreiro exercitar os direitos de representação coletiva, não se tratando de grupo familiar, pelo que, operando equipamento informático para o desenvolvimento de suas atividades, o contato com o seu representante de classe lhe é facilitado por esta via tecnológica.

A Convenção n. 177 da OIT, por sua vez, referencia a especialidade deste trabalho quando o mesmo é realizado "... I) en su domicilio o en otros locales que escoja, distintos de los locales de trabajo del empleador; II) a cambio de una remuneración; III) con el fin de elaborar un producto o prestar un servicio conforme a las especificaciones del empleador, independientemente de quién proporcione el equipo, los materiales u otros elementos utilizados para ello, a menos que esa persona tenga el grado de autonomía y de independencia económica necesario para ser considerada como trabajador independiente en virtud de la legislación nacional o de decisiones judiciales". (art. 1º).

---

(94) "proteção em face da automação, na forma da lei;".
(95) "proibição de distinção entre trabalho manual, técnico e intelectual ou entre os profissionais respectivos;".

Em seu 5º item consta que a "... política nacional en materia de trabajo a domicilio deberá aplicarse por medio de la legislación, de convenios colectivos, de laudos arbitrales o de cualquier otra vía procedente y compatible con la práctica nacional".

Em todas as circunstâncias faz-se alusão à participação das entidades sindicais para a salvaguarda de direitos de toda índole ao trabalhador, especialmente aos que não permanecem na sede da empresa. O isolamento do trabalhador, assim como a sua perda de identidade em relação à categoria profissional, em princípio faz com que a base respectiva perca coesão e força. Justamente neste ponto que os sindicatos devem ter presença acirrada para unir a classe de trabalhadores utilizando o próprio instrumental tecnológico para fazer campanha de esclarecimento e de divulgação de seus propósitos para os quais foram constituídos e de combate.

O que se observa é, em verdade, que ocorrem ganhos e perdas para todas as partes relacionadas ao contrato de trabalho na linha atual. Vantagens ao empreendedor traduzidas em redução de custos — compras e/ou locações de locais para o perfazimento do trabalho, do mobiliário em geral; despesas com alimentação, vestuário, transporte; economia de tempo ante a ausência de necessidade de comparecimento do trabalhador na sede da sociedade empresária —; desvantagens corporificadas, por exemplo, na imprescindibilidade de manutenção e aquisição constante de equipamentos informáticos, ante o surgimento de outros mais eficientes e atualizados em curto espaço de tempo; no isolamento do trabalhador em face da categoria profissional e de sua representação sindical; distanciamento entre o trabalhador e o tomador de serviços; na real possibilidade de o executor de serviços trabalhar exaustivamente, vez que, inúmeras vezes há *confusão* entre o ambiente de trabalho e o familiar.

Assim mesmo "... o teletrabalhador terá todo o rol de garantias previstas pela legislação trabalhista para o regime de emprego, fazendo jus a todos os direitos previstos na Consolidação, na legislação extravagante e nas normas coletivas de sua respectiva categoria"[96], em obediência sempre às regras constitucionais.

Consta também do citado Acordo Marco firmado em Bruxelas, no que pertine às condições de emprego, que "... los teletrabajadores tendrán los mesmos derechos, garantizados por la legislación y los convenios colectivos aplicables, que los trabajadores comparables trabajando en los locales de la empresa". Ainda, tal Acordo não exclui procedimentos e práticas nacionais específicas dos interlocutores sociais, com direito "... de concluir, en el nível apropriado, incluso europeo, acuerdos que adapten y/o completen el pesente acuerdo de uma manera que tome en cuenta las necesidades específicas de los interlocutores sociales afectados".

---

(96) REZENDE, Roberto Vieira de Almeida, *op. cit.*, p. 191.

Nada obstante a doutrinação de que o trabalho a distância e por meio da informática traz dificuldades diversas aos trabalhadores em geral enquanto categoria, esta modalidade de prestar serviços "... poderá vir a diminuir a desigualdade de oportunidade na aquisição de um emprego, principalmente dando acesso ao trabalho às donas de casa e aos trabalhadores com idade avançada. Seria uma solução ideal para o acesso ao trabalho dos trabalhadores deficientes físicos, que com dificuldades de locomoção, agora podem laborar na comodidade de seu lar, já adaptados às suas limitações, o que o local de trabalho, por muitas vezes, não tem condições de fornecer".[97]

Desta forma, investigando-se a comunidade contemporânea, denota-se que o trabalho permanece ainda centralmente em estado de incessante atividade funcional. Não se vislumbra, no horizonte próximo, a médio ou a longo prazo, o perecimento do trabalho propriamente dito. Com a reestruturação da indústria, "... a organização de um regime de acumulação globalizado, baseado na produção de conhecimentos e num trabalho vivo (cada vez mais intelectualizado e comunicativo), podem (e devem) ser pensadas como processos contraditórios, onde a contradição não é a que as opõem ao passado das homogeneidades fabris, mas a que se encontra no presente das novas formas de exploração e da composição técnica do trabalho, nas novas lutas do proletariado e, em particular, do proletariado urbano".[98]

As transformações de índole organizacional e tecnológica se fizeram presentes nos Brasil com mais intensidade a partir de 1990. Pura e simples aplicação de regras capitalistas advindas do sistema de acumulação flexível "... e do *ideário japonês*, com a intensificação da *lean production*, do sistema *just-in-time*, *kanban*, do processo de qualidade total, das formas de subcontratação e de terceirização da força de trabalho". Tudo acompanhado da mudança de localização do sistema produtivo, buscando-se "... níveis mais rebaixados de remuneração da força de trabalho, *acentuando-se os traços de superexploração do trabalho*".[99]

De notar que "... a mobilidade do capital permite que as empresas obriguem aos países [normalmente periféricos] a alinharem suas legislações trabalhistas e de proteção social àquelas do Estado onde forem mais favoráveis a elas (isto é, onde a proteção for mais fraca)..."[100].

---

(97) GENEHR, Fabiana Pacheco. *A normatização do teletrabalho no direito brasileiro* — uma alteração bem-vinda. São Paulo: LTr, a. 72, p. 1.088, set. 2008.
(98) LAZZARATO, Maurizio; NEGRI, Antonio. *Trabalho imaterial*: formas de vida e produção de subjetividade. Trad.: Mônica Jesus. Rio de Janeiro: DP&A, 2001. p. 12.
(99) ANTUNES, Ricardo. Anotações sobre o capitalismo recente e a reestruturação produtiva no Brasil. In: *Curso de Especialização Ematra*. Curitiba, 2004. p. 02-03.
(100) CHEISNAIS, François. *A mundialização do capital*. Trad.: Silvana Finzi Foá. São Paulo: Xamã, 1996. p. 306.

Consequentemente o Estado brasileiro, "... na atualidade, enfrenta problemas gravíssimos relacionados à intensificação da exclusão social, à dificuldade de acompanhamento do padrão internacional de desenvolvimento econômico e à assïmilação do novo modelo tecnológico que se impõe dos países capitalistas centrais ou periféricos".[101] Verifica-se, outrossim, intensa redução dos postos de trabalho no cenário brasileiro diante da realidade global (como no restante do mundo) associada a alterações tecnológicas do setor produtivo e da organização social do trabalho.

Como diz *Antunes*, há peculiaridades no que concerne ao capitalismo brasileiro. Sabe-se que, se presente ínfima contraprestação salarial satisfeita pelo trabalho prestado em específicos setores produtivos, inibindo o avanço tecnológico, vislumbra-se, de outra parte, "... a combinação obtida pela *superexploração da força de trabalho com padrões produtivos mais avançados,...*", o que o torna singular.

Aliás, decorre que "... para os capitais nacionais e transnacionais produtivos, interessa a confluência entre força de trabalho 'qualificada', 'polivalente', 'multifuncional', preparada para operar com os equipamentos informacionais, percebendo, porém, salários bastante dilapidados, sub-remunerados, em patamares muito inferiores àqueles percebidos nas economias avançadas. E, vale acrescentar, vivenciando condições de trabalho fortemente precarizadas".[102]

3.4. Sociedade da informação e da capacitação

No âmbito da sociedade da informação, incrementa-se a demanda por trabalhadores qualificados e criam-se novos empregos relacionados diretamente com as tecnologias de informação e, também, de comunicação, ao tempo que essa nova tendência não fica nos setores estritamente tecnológicos.

Contagia, também, os setores produtivos, de maneira que se converte em exigência universal, quase para todo tipo de posto de trabalho, no mínimo, a familiarização no manejo das citadas tecnologias de informação e de comunicação. Abrem-se, assim, novas possibilidades de emprego na sociedade baseada no conhecimento e na tecnologia, e não de qualquer emprego, senão o emprego de alta e especializada qualidade.

Então exsurgem planos globais dos Estados-membros da União Europeia que, a partir sobretudo do Conselho Europeu de Lisboa de 23 e 24 de maio de 2000, reúnem esforços na consecução de um novo objetivo estratégico comum

---

(101) HOFFMANN, Fernando. *O princípio da proteção ao trabalhador e a atualidade brasileira.* São Paulo: LTr, 2003. p. 159.
(102) ANTUNES, Ricardo, *op. cit.,* p. 08.

à União Europeia: converter-se na economia baseada no conhecimento mais competitivo e dinâmico do mundo, capaz de crescer economicamente de maneira sustentável, com mais e melhores empregos e com maior coesão social.

Para tão ambicioso objetivo, em Lisboa, estabelece-se a necessidade de começar a adaptar os sistemas educativos e de formação europeus às demandas da sociedade do conhecimento, para o que os Estados-Membros devem redobrar os esforços a favor do uso da tecnologia da informação e comunicação para a aprendizagem.

Esse processo de abertura às tecnologias de informação, potenciado a partir de instâncias comunitárias, pode comportar, todavia, novas formas de exclusão social. Começa-se a analisar a relação entre a pobreza e o risco de divisão tecnológica, como o de que os grupos de ingresso mais baixos têm menos acesso à tecnologia e, portanto, apresentam maior risco de ficar excluídos do mercado de trabalho e do desenvolvimento social geral e cultural.

É o que se conhece como *infomarginalidade*, e que atinge, particularmente, aqueles coletivos que já reúnem, em si, notas que os fazem merecedores da qualificação de coletivos em risco de exclusão social (imigrantes, idosos, habitantes de zonas rurais ou incapacitados).

No Estado espanhol, e seguindo as diretrizes comunitárias, os diversos planos anuais de ação para o emprego se convertem em constantes e previstas atuações: a referência à potencialização da utilização das tecnologias de informação, fundamentalmente através da formação, como mecanismo idôneo para melhorar a empregabilidade dos diversos coletivos.

Tais atuações se articulam em diversos programas e projetos, que não perdem de vista o novo risco de exclusão sociolaboral (a *infomarginalidade*), razão pela qual são frequentes, de maneira exclusiva ou não, as referências a coletivos com maiores dificuldades de acesso às tecnologias de informação.

Nas questões legislativas, a abordagem das matérias revela que o processo de elaboração jurídica é lento considerando-se o acelerado e incessante desenvolvimento econômico-tecnológico. As mudanças afetam sobremaneira o sistema de tutelas do Direito do Trabalho, seus conteúdos "... *y en la propia profesionalidad emergente desde las tecnologías de la información*".[103]

No aspecto profissionalização, o mundo que se apresenta é altamente competitivo, bem se sabe. A tecnologia da informação exige profissionais altamente qualificados, como dito, para ocupar centenas de postos de serviços criados e que estão surgindo, nada obstante a contínua elevação do número de dispensas por todos os cantos do planeta e nos mais variados setores da economia.

---

(103) BAYLOS, Antonio. Igualdad, uniformidad..., p. 22.

Com efeito, um imenso vácuo se apresenta entre os trabalhadores que possuem específica e atualizada formação profissional no terreno informático e os que nem mesmo possuem conhecimento mínimo para mesmo utilizar a *internet*, por exemplo, ou até para ter acesso a um computador.

"Por lo que es indispensable que el Estado provea a todos sus habitantes la instrucción necesaria para poder utilizar las nuevas tecnologías de la información. El desconocimiento de ellas es comparable a las situaciones de analfabetismo del siglo XX y afecta en medida importante las posibilidades de acceso al mercado de trabajo."[104]

A Constituição da Espanha alinha que todos os espanhóis, capacitados para o labor, indistintamente, "... tienen el dever de trabajar y el derecho al trabajo ..." (art. 35). Há interpretação a respeito pelo Tribunal Constitucional, de caráter individual, que o trabalhador tem direito a um posto de serviço "... se se cumprirem os requisitos necessários de capacitação..." (STC 22/1981), significando, em sentido amplo, "... uma igualdade de oportunidades no acesso a um posto de trabalho creditando a capacitação profissional requerida para o mesmo ...", em atenção aos princípios igualmente constitucionais de igualdade de tratamento e não discriminação.[105]

A Constituição do Brasil prescreve, em seu art. 205, que, em relação à educação, é ela um "... direito de todos e dever do Estado e da família, [e] será promovida e incentivada com a colaboração da sociedade, visando ao pleno desenvolvimento da pessoa, seu preparo para o exercício da cidadania e sua qualificação para o trabalho". Indiscutível, portanto, o direito do trabalhador no seu aprimoramento profissional, que integra seu privado patrimônio, garantia maior de sua cidadania também enquanto produtor de bens e serviços.

No direito italiano a questão é tratada pela Lei n. 53/2000, aprovada em atenção ao contido na nominada Diretiva europeia que versa sobre *permissões familiares*, reconhecendo ao trabalhador o direito a "... permisos formativos, cuya utilización se puede aprovechar especialmente cuando se produzcan câmbios tecnológicos en la empresa".[106]

Textualmente consta do art. 16 de referida lei que "os trabalhadores, ocupados e não ocupados, têm direito de prosseguir os percursos de formação

---

(104) DELGUE, Juan Raso. Los cyber-derechos en el ámbito laboral uruguayo. In: *Revista de derecho social latinoamérica*. Albacete: Bomarzo, n. 1, p. 204, jan./mar. 2006.
(105) BAYLOS, Antonio. Proteção de direitos fundamentais na ordem social "O direito ao trabalho como direito constitucional". In: *Revista Trabalhista* — Direito e Processo, Rio de Janeiro: Forense, ano 3, p. 33-34, abr./maio 2004.
(106) LOFFREDO, Antonio. El impacto de las tenologías de la información en el derecho de trabajo italiano. In: *Revista de Derecho Social Latinoamérica,* Albacete: Bomarzo, n. 1, p. 169, 2006.

por toda a vida, para acréscimo de conhecimentos e competências profissionais", ou seja, formação contínua, embora "... delegando parte importante de la disciplina a la negociación colectiva".[107]

Novamente, quando o assunto relaciona-se à tecnologia de informação e de comunicação, notabiliza-se a negociação coletiva. Portanto, o real amparo ao trabalhador em todas as questões na órbita em comento requer a atuação das agremiações sindicais em diversas frentes, mesmo na busca do aperfeiçoamento profissional do trabalhador, garantia de sucesso conquista de novo posto de trabalho em tempos de crises econômica e social.

A atuação no sindicato na vanguarda desta espécie de luta — capacitação profissional —, como ocorre na Itália, "... tiene la virtualidad de evitar que se proyecten cursos de formación iguales para todas las categorías profisionales y, en especial modo, para todas las zonas del país, que cuentan con diferentes tipos de producción e de aplicación de la innovación teconológica en las empresas".[108]

Ressalta *Loffredo*, por sinal, que os cursos de aperfeiçoamento destinados também aos desempregados representa "... una más moderna y renovada actuación del derecho al trabajo, justo en la perspectiva de las dificultadas causadas por la innovación tecnológica".[109] Nessa postura, evidencia-se que a ação sindical, por meio da negociação coletiva, pode fazer a inclusão de coletivos em desvantagem com relação a outros que detêm emprego e são possuidores da devida qualificação profissional ou estejam devidamente e bem representados por seu sindicato, para a obtenção e/ou manutenção do emprego, que são geralmente os das mulheres, imigrantes, deficientes de toda ordem, desempregados, com idade avançada, os que se encontram em estado de miserabilidade, e mesmo os trabalhadores autônomos e diversos outros em situação precária no quesito representação classista.

Para tal mister, todavia, as associações sindicais no Brasil, na generalidade, de fato são um tanto ineficientes, mesmo em se tratando da defesa do tipo preventiva e de reparação, na maior parte de suas áreas de abrangência. Nem se fale da questão da capacitação profissional! A inversão de tal proporcionalidade em benefício de toda a classe trabalhadora é questão fundamental.

Noutros termos (*tecla-se em reforço*): sindicatos fortes, representando os legítimos interesses da base, filiados ou não filiados, empregados e/ou desocupados, e o mais, devem ter presença constante e obrigatória em qualquer espécie de negociação coletiva ou de luta por concretização de direitos fundamentais envolvendo todos os segmentos da sociedade.

---

(107) *Idem*.
(108) *Ibidem*, p. 170.
(109) *Idem*.

Não se pode admitir que possa haver inércia na ação dos entes de classe em qualquer situação que contenha vantagens para uma determinada categoria profissional; para uma determinada coletividade; para empregados de uma empresa por divergências de interesses; por anterior indigna ação sindical; por falta de propostas salutares: ou, finalmente, por pressão dos próprios empreendedores e o mais.

Chama-se a atenção dos operadores do direito brasileiros para o disposto no inciso VI do art. 8º da Constituição Federal, o qual prega "é obrigatória a participação dos sindicatos nas negociações coletivas de trabalho", sucedâneo do disposto no inciso III, o qual prescreve que "ao sindicato cabe a defesa dos direitos e interesses coletivos ou individuais da categoria, inclusive em questões judiciais ou administrativas".

Desta forma, a participação das agremiações sindicais perante negociações coletivas entre uma coletividade de empregados e a respectiva empresa tomadora de serviços é, em princípio, imprescindível por força de norma constitucional. Todavia, há ductilidade em tal afirmativa. Isto porque há condicionamento de que a entidade sindical esteja verdadeiramente empenhada nas questões afetas à classe dos trabalhadores, não apenas como entidade figurativa ou então pessoa jurídica *fantasma*, criada apenas para servir, como visto, aos particulares interesses de seus dirigentes.

Caso contrário, em regime de exceção, entende-se perfeitamente possível a rejeição, pelo grupo de trabalhadores, do ingresso do sindicato respectivo nas negociações coletivas. Neste mesmo rumo, quando os reais interesses contidos no programa da negociação coletiva da classe trabalhadora são frontalmente contrários aos que são manifestados pelo respectivo sindicato através de seus diretores. É, portanto, pela vontade da base de sustentação da entidade sindical que deve nortear seus rumos de ação e finalização de entendimentos com o polo adverso na mesa de negociações.

Com efeito, presente virtual "... divergência entre a vontade expressa pelo sindicato e a verdadeira vontade da categoria, parece fora de dúvida que a última deve prevalecer sobre a primeira. Não se concebe seja o sindicato transformado em árbitro supremo dos interesses da categoria, de tal modo que sua manifestação de vontade fique posta ao abrigo de qualquer questionamento ou revisão. Ato algum deve ou mesmo pode livre de toda espécie de controle ou fiscalização. Não se imagina, pois, o exercício da atividade sindical sem possibilidade de questionamento das decisões tomadas em nome da categoria (...). O questionamento judicial da recusa do sindicato não caracteriza, é bom ressaltar, indevida interferência do Poder Público na organização sindical, o que seria, aliás, ilícito (Constituição do Brasil, art. 8º, inciso I). Com ele apenas se tutela o interesse final envolvido na relação coletiva de trabalho, que é, como já ressaltado mais de uma vez, não o sindicato, mas o dos integrantes da categoria, prejudicado pela recusa do sindicato. Assim, recusando-se o sindicato a celebrar convenção ou acordo coletivo de trabalho, em contraste com a vontade da categoria, deve--se admitir o suprimento judicial do consentimento recusado, a requerimento do grupo de trabalhadores prejudicado. Com isso se coíbem, tal como no passado já se fazia, em relação a pátrio poder, 'os abusos e tyrannias'".[110]

---

(110) MALLET, Estêvão, *apud* PEREIRA, José Luciano de Castilho. In: *A Constituição de 1988* — o sindicato — algumas questões ainda polêmicas. Disponível em: <http://www.tst.gov.br/ArtigosJuridicos/GMLCP/CONSTITUICAO-88-SINDICATO.pdf> Acesso em: 06 abr. 2009.

IV — O DIREITO CONSTITUCIONAL E SUAS NOVAS FRONTEIRAS

4.1. Exigibilidade dos direitos sociais fundamentais

As indicações normativas, doutrinárias e jurisprudenciais de índoles constitucional e infraconstitucional na atualidade brasileira, país Brasil que, por óbvio, também sofre as nefastas consequências da crise econômica global, caminham em sintonia com as precedentes e marcadas afirmações de que os trabalhadores devem necessariamente buscar o fortalecimento dos sindicatos que os representam para a defesa e oportuna chancela de seus interesses.

Veja-se que "a cibernética, cujos avanços são alvissareiros, pode conceber (e tem concedido) rebentos enxeridos e mesquinhos, cabendo à sociedade enquadrá-los, submetendo os robôs mais assanhados à disciplina da caserna".[111]

Assim, ainda em 2001, o Governo brasileiro editou disciplina legal infraconstitucional (art. 476-A da Consolidação das Leis do Trabalho — CLT, via MP 2.164-041/01[112]) acerca de suspensão do contrato de trabalho — espécie

---

(111) TEPEDINO, Gustavo. *Temas de direito civil*. 2. ed. Rio de Janeiro: Renovar, 2001. p. 481.
(112) "**Art. 476-A.** O contrato de trabalho poderá ser suspenso, por um período de dois a cinco meses, para participação do empregado em curso ou programa de qualificação profissional oferecido pelo empregador, com duração equivalente à suspensão contratual, mediante previsão em convenção ou acordo coletivo de trabalho e aquiescência formal do empregado, observado o disposto no Art. 471 desta Consolidação.
§ 1º Após a autorização concedida por intermédio de convenção ou acordo coletivo, o empregador deverá notificar o respectivo sindicato, com antecedência mínima de quinze dias da suspensão contratual.
§ 2º O contrato de trabalho não poderá ser suspenso em conformidade com o disposto no *caput* deste artigo mais de uma vez no período de dezesseis meses.
§ 3º O empregador poderá conceder ao empregado ajuda compensatória mensal, sem natureza salarial, durante período de suspensão contratual nos termos do *caput* deste artigo, com valor a ser definido em convenção ou acordo coletivo.
§ 4º Durante o período de suspensão contratual para participação em curso ou programa de qualificação ou profissional, o empregado fará jus aos benefícios voluntariamente concedidos pelo empregador.
§ 5º Se ocorre a dispensa do empregado no transcurso do período de suspensão contratual ou nos três meses subsequentes ao seu retorno ao trabalho, o empregador pagará ao empregado, além das parcelas indenizatórias previstas na legislação em vigor, multa a ser estabelecida em convenção ou acordo coletivo, sendo de, no mínimo, cem por cento sobre o valor da última remuneração mensal anterior à suspensão do contrato.
§ 6º Se durante a suspensão do contrato não for ministrado o curso ou programa de qualificação profissional, ou o empregado permanecer trabalhando para o empregador, ficará descaracterizada a suspensão, sujeitando o empregador ao pagamento imediato dos salários e dos encargos sociais referente ao período, às penalidades cabíveis previstas na legislação em vigor, bem como às sanções previstas em convenção ou acordo coletivo.

de licença não remunerada — na mira, por exemplo, dos empreendedores em dificuldades financeiras, dos que mantêm produção segmentada, normalmente no campo, dependendo especialmente do *tempo e o vento* para obtenção de positivos resultados, pelo que presente os períodos de entressafras, ou quando a construção civil urbana sofre lapsos temporais sem atividade.

Os tomadores de serviço obtêm, pois, determinada ajuda financeira do Governo através do Fundo de Amparo ao Trabalhador — FAT, "... desonerando fiscalmente por curto tempo a sua folha de pagamento e, assim, possam se recuperar..."[113], com a vantagem, para o trabalhador, de que há preservação dos postos de trabalho[114] em tempos de *socializada crise*.

No mais, é uma norma de exceção, condicionada para sua validade na real participação e aquiescência formal do trabalhador, além de seu ingresso em curso de capacitação profissional, sempre com indispensável intermediação do sindicato da categoria profissional. Do contrário, totalmente nula a respectiva pactuação, resultando na reativação do contrato de trabalho, com o pagamento de indenização como se plenamente executado o labor no período que lhe diz respeito. Veja-se que mesmo ao trabalhador "... afastado do emprego são asseguradas, por ocasião de sua volta, todas as vantagens que, em sua ausência, tenham sido atribuídas à categoria a que pertencia na empresa" (art. 471 da CLT).

Necessariamente tem que haver negociação coletiva (acordo ou convenção) para a perfectibilidade do contrato em apreço, de tempo limitado. "O papel do sindicato é *in casu* relevantíssimo. Tendo em vista a excepcionalidade da solução adotada, os órgãos representativos integrarão todo o processo de elaboração da contratação, como se fosse o Ministério Público do Trabalho."[115]

Então que se verifica, aqui e a todo instante, a imprescindível presença das agremiações sindicais nas lides vinculadas ao trabalho, tal qual consta dos textos constitucionais de países onde impera o estado democrático de direito, mais ainda nas sociedades em que o interesse pelo coletivo é sobreposto pelo de índole particular.

Na versão de suspensão contratual em tela emergem, por outro lado, interpretações mais abrangentes, ou seja, não há objeção de que um trabalhador jubilado faça "... parte desse programa, ainda que estranhe por ser destinado a quem deseja se aperfeiçoar. Nenhum problema para o percipiente de auxílio-

---

§ 7º O prazo limite fixado no *caput* poderá ser prorrogado mediante prevenção ou acordo coletivo de trabalho e aquiescência formal do empregado, desde que o empregador arque com o ônus correspondente ao valor da bolsa de qualificação profissional, no respectivo período."
(113) MARTINS, Sergio Pinto, apud MARTINEZ, Wladimir Novaes. *Licença qualificatória em face da crise econômica*. São Paulo: LTr, v. 73, n. 1, jan./2009. p. 17.
(114) MARTINEZ, Wladimir Novaes, *op. cit.*, p. 17.
(115) *Ibidem*, p. 19.

-acidente; é um segurado autorizado a voltar ao trabalho".[116] São profissionais já com certa experiência, que fazem visível diferença na empresa no momento de extrema necessidade de trabalhadores capacitados e em frequente reciclagem diante das novidades tecnológicas diariamente surgindo na economia de mercado. Interessante, pois, seu retorno ao trabalho com competência suficiente para o enfrentamento dos novos desafios gerados em reais tempos de novéis e instantâneos conhecimentos postos a serviço dos empreendedores.

Inúmeras, pois, são as possibilidades incumbidas aos interessados, especialmente aos sindicatos, de procederem a ações positivas para a inclusão social e mesmo para manter uma quantidade ainda maior de trabalhadores que já estão integrados no sistema laboral. Basta engajamento pessoal, social, político de quem possui vontade e detém poder.

Nesta senda, particularmente de índole política, a fórmula ideal para a solução de ardentes conflitos é sem dúvida pelo "... método do consenso nas sociedades democráticas...", considerando-se, como é cediço, a impossibilidade de a lei *pura* e por si mesma fazê-lo. "E essa tem sido a linha de política do direito, posto pelo legislador italiano, de passagem do *garantismo* individual para o chamado *garantismo* coletivo, ao atribuir às partes coletivas a responsabilidade de introduzir elementos de flexibilidade que visem sobretudo salvaguardar postos de trabalho, ao mesmo tempo em que possibilita às empresas as adaptações necessárias para atuarem em um mercado cada vez mais competitivo."[117]

Sobressaem os esforços coletivos pelos coletivos para o resguardo, em última instância, dos direitos fundamentais assegurados primordialmente em Constituições supremas em tempos globalizados nos quais as relações de trabalho e de mercado estão impregnados pela tecnologia de informação e de comunicação.

"Resulta daí que o diálogo e a postura ética dos protagonistas sociais, afinal, tendem a possibilitar a adaptação das garantias e direitos dos trabalhadores às exigências técnico-produtivas das empresas, no sentido de, também, salvaguardar a dignidade da pessoa humana"[118], especialmente quando, na hipótese, o bem maior é o próprio emprego.

Do que se conclui que ao Estado compete a manutenção do estado democrático de direito, cuidando das questões afetas ao cidadão enquanto partícipe da sociedade, e da própria ordem pública na condição de condutor do mesmo

---

(116) *Ibidem*, p. 17.
(117) GIUGNI, Gino, apud GOMES, Dinaura Godinho Pimentel. *Direito do trabalho e dignidade da pessoa humana, no contexto da globalização econômica*: problemas e perspectives. São Paulo: LTr, 2005. p. 179-180.
(118) GOMES, Dinaura Godinho Pimentel, *op. cit.*, p. 180.

grande grupo social; "... todavia, os grupos de interesses detêm a autonomia coletiva no processo de tomada de decisões, como destinatários das normas decorrentes"[119], assim como para buscar a realização dos direitos fundamentais de toda ordem.

Portanto, não se tem como satisfazer todos os desejos do homem e da sociedade mediante apelo somente ao Estado, utilizando-se dos recursos previstos em lei, mormente pela via judicial. Assim, por exemplo, as garantias sociais, ou garantias extrainstitucionais, "... serían aquellas en las que el resguardo de los derechos se coloca, ante todo, en cabeza de sus propios titulares".[120]

"No hay derechos sin deberes, pero tampoco hay sujetos obligados sin sujetos capaces de obligar. Así, aunque el papel de las garantías políticas y jurisdiccionales es esencial para dotar de eficacia a los derechos civiles, políticos y sociales, todo programa constitucional de garantías insitucionales, por más exhaustivo que fuera, resultaría incompleto, irrealista e, en última instancia, fútil sin la existencia de múltiples espacios de presión popular en condiciones de asegurarlos socialmente a través de los poderes estatales, pero también más allá del Estado y, llegado el caso, en su contra."[121]

Noutros termos, para se assegurar a eficácia de direitos diversos há que haver atuação direta dos respectivos titulares. Assim, as garantias de associação, de comunicação e de informação, além de crítica em face da lei, de regulamentos e mesmo decisões judiciais que possam vulnerar ditames fundamentais são "... imprescindibles tanto para mantener vivo el nervio democrático de la esfera pública, como para asegurar la eficácia del conjunto de los derechos, comenzando por los propios derechos sociales".[122]

Então determinada coletividade, com base em informações de ponta, estaria apta a fazer selecionada escolha de seus representantes junto ao Governo, os quais têm competência para elaboração de leis que sejam efetivamente favoráveis a seus eleitores; a participar diretamente da elaboração ou reformas de leis nacionais constitucionais e infraconstitucionais mediante iniciativas populares; a lançar manifestações, através de petições e/ou audiências públicas, pelas vias administrativa e judicial, repudiando atos governamentais prejudiciais à sociedade e/ou em matéria de mercado e trabalho, ecologia, controle de gastos públicos, reconhecimento de direitos em prol dos grupos sociais sem força social e política — como nos casos dos migrantes, imigrantes, mulheres, portadores de necessidades especiais, desempregados e o mais.

---

(119) *Ibidem*, p. 181.
(120) PISARELLO, Gerardo. *Los derechos sociales y sus garantías:* elementos para una reconstrucción. Madrid: Trotta, 2007. p. 113.
(121) *Ibidem*, p. 122-123.
(122) *Ibidem*, p. 124.

Desta forma, é neste clima de democracia participativa, inerente a uma sociedade pluralista, em que o vigente direito é compartilhado, "... sobreleva o exercício eficaz da liberdade de organização dos diversos grupos intermediários, dentre os quais se destacam as organizações dos trabalhadores mais representativas em busca da tutela de seus próprios interesses, à luz do princípio constitucional da dignidade da pessoa humana e em sintonia com o princípio da prevalência da empresa, como forma de se contrapor às cruéis investidas do capitalismo na ordem global".[123]

Outrossim, são inquestionáveis as efetivas transformações ocorridas na vida do cidadão, seja na família, na empresa, na sociedade pelo manejo das ferramentas tecnológicas, inclusive no próprio conceito de comunicação, dificultando sobremaneira sua reformulação. Com efeito, em tempos pretéritos, a transmissão de informações não ocorria em tempo real, e era mantido o sigilo de comunicação na generalidade dos casos. No setor empresarial, tais equipamentos de trabalho incrementam a produtividade, a competitividade e mesmo a sua prosperidade.

No campo sociológico, a facilidade com que os grupos sociais se comunicam sobre os mais variados temas resulta "... una fuente enriquecedora de la democracia, otorgando una nueva dimensión a la libertad de expersión favorecedora del pluralismo y la multiplicación de la información".[124]

Se por um lado há uma miríade de benefícios com a utilização das ferramentas tecnológicas, de outro "... provocan admiración y desconcierto ante su vertiginosa mutación...".[125] É que, de fato, presentes fatores negativos por conta do trânsito digital, como a facilidade de se interceptar mensagens e se proceder à vistoria de seu conteúdo, tanto em e pelas vias públicas, como em e pelos caminhos privados, dificultando sobremaneira a identificação e aplicação de sanções — ou adoção de medidas preventivas — por quem de direito ao ofensor por violação de direitos fundamentais constitucionais — resumidamente: o direito de liberdade.

"La voluptuosa entrega de nuestra época al 'demonio de la velocidad técnica' nos aleja definitivamente de nuestro pasado, pudiendo transformar incluso al innovador aliado en enemigo hostil."[126]

Com frequência se sucedem invasões à privacidade de toda sorte, sem qualquer escrúpulo, sem qualquer permissão, em terreno íntimo e pessoal do internauta, convertendo-se, assim, sua vida privada, "... en ocasiones, en una mercancía muy valiosa sujeta a transacciones comerciales".[127]

---

(123) GOMES, Dinaura Godinho Pimentel, *op. cit.*, p.183.
(124) ALONSO, Inmaculada Marín. *El poder de control empresarial sobre el uso del correo electrónico en la empresa:* su limitación en base al secreto de las comunicaciones. Valencia: Tirant lo Blanch, 2005. p. 31.
(125) *Ibidem*, p. 32.
(126) *Idem*.
(127) *Ibidem*, p. 33.

Sabe-se perfeitamente o valor inestimável da informação. A coleta e o armazenamento de informações sobre o indivíduo são infinitos, que vão se acumulando de forma vertiginosa no ciberespaço. "Quanto mais são os serviços oferecidos, maior é a quota de informação pessoal deixada pelo indivíduo nas mãos do provedor do serviço, e tal informação pode ser utilizada para a criação de perfis individuais e coletivos dos usuários."[128]

Na medida em que a rede tecnológica agrega mais usuários, ultrapassando fronteiras, maior será o acúmulo de informações disseminadas e recolhidas nos bancos de dados do provedor de serviços, sem necessidade prévia de autorização, levando-se em conta, ainda, a ausência de adequada regulamentação sobre questões afetas à tecnologia de informação e de comunicação.

"Os dados traduzem aspectos da personalidade e revelam comportamentos e preferências, permitindo até traçar um perfil psicológico dos indivíduos. (...) É possível, por meio dessas informações, produzir uma imagem total e pormenorizada da pessoa, que se poderia denominar de traços de personalidade, inclusive na esfera da intimidade. O cidadão converte-se no denominado 'homem de cristal'."[129]

As modernas técnicas de trabalho e de transmissão e armazenamento de informações promovem, ao mesmo tempo, liberdade e tirania, fartura e privação, extinção e intensificação no campo do trabalho.

Pois que frente "... dessas antinomias, ao avançar da tecnologia é preciso contrapor novas formas de controles legais preventivos, que tutelam valores existenciais, como é o caso da intimidade".[130]

Não é possível olvidar, consequentemente, o público e o privado no campo do direito do trabalho no que respeita ao trabalhador. Ou seja, a proteção à intimidade tem alcance mais abrangente que a simples garantia de sigilo de dados pessoais ou informações privadas, e que estes não sejam utilizados para fins de barganha quando em jogo, por exemplo, o próprio emprego ou um futuro posto de serviço.

Insuficiente, além disso, que haja respeito à intimidade ou à vida privada dos trabalhadores em geral sem a presença de mecanismos de controle da ação dos empresários no âmbito no qual se desenvolve a execução da prestação de serviços. O empregado tem direito ao respeito de sua própria personalidade, envolvendo hipóteses de segredo e liberdade de informação e de comunicação.

---

(128) LIMBERGER, Têmis. Direito e informática: o desafio de proteger os direitos do cidadão. In: SARLET, Ingo Wolfgang (Org.). *Direitos fundamentais, informática e comunicação*: algumas aproximações. Porto Alegre: Livraria do Advogado, 2007. p. 215.
(129) *Idem*.
(130) TEPEDINO, Gustavo, *op. cit.*, p. 481.

4.2. Constitucionalização de direitos individuais

"O direito civil, ao longo de sua história no mundo romano-germânico, sempre foi identificado como o *locus* normativo privilegiado do indivíduo, enquanto tal. Nenhum ramo do direito era mais distante do direito constitucional do que ele. Em contraposição à constituição política era cogitado como constituição do homem comum, máxime após o processo de codificação liberal. Sua lenta elaboração vem perpassando a história do direito romano-germânico há mais de dois mil anos, parecendo infenso às mutações sociais, políticas e econômicas, às vezes cruentas, com que conviveu. Parecia que as relações jurídicas interpessoais, particularmente o direito das obrigações, não seriam afetadas pelas vicissitudes históricas, permanecendo válidos os princípios e regras imemoriais, pouco importando que tipo de constituição política fosse adotada".[131]

O Código Civil brasileiro, por sua vez, até então em vigor desde 1916, tem subjacente o ideário voluntarista e extremamente individualista. Tal codificação bastava — e basta ainda para alguns — por si mesma. Efetivamente, "... cuidava-se da garantia legal mais elevada quanto à disciplina das relações patrimoniais, resguardando-as contra a ingerência do Poder Público ou de particulares que dificultassem a circulação de riquezas. O direito público, por sua vez, não interferiria na esfera privada, assumindo o Código Civil, portanto, o papel de estatuto único e monopolizador das relações privadas. O Código almejava a completude, que justamente o deveria distinguir, no sentido de ser destinado a regular, através de situações-tipo, todos os possíveis centros de interesse jurídico de que o sujeito privado viesse a ser titular."[132]

Evidente que diante das mutações sociais, políticas e essencialmente econômicas ao longo do tempo, mormente no presente estágio da economia mundializada, não poderia uma escrituração datada de 1916 permanecer hermeticamente fechada. Leis insólitas foram acolhidas no crescente interregno temporal para atender às necessidades dos indivíduos, demonstrando que somente as regras insertas no Código Civil eram (e são) insuficientes para a juridicidade dos elos privados de índole patrimonial e igualmente de cunho social.

Como diz *Tepedino*, houve sinais de "... esgotamento das categorias do direito privado,...", com o que a legislação civil perde "... assim, definitivamente, o seu papel de Constituição do direito privado".[133] Nestas condições, estereótipos de direito privado passam à alçada do Direito Constitucional, como de direito, aliás, viga mestra de todas as áreas jurídicas, compartimentadas, ante a

---
(131) LÔBO, Paulo Luiz Netto. *Constitucionalização do direito civil*. Disponível em: <http://www.jus.com.br/doutrina/constidc.html> Acesso em: 2001, item 1.
(132) TEPEDINO, Gustavo, *op. cit.*, p. 3.
(133) *Ibidem*, p. 6-7.

emergência das factuais complexidades decorrentes dos relacionamentos humanos/patrimoniais e transformações globais em face da revolução da tecnologia.

"Os textos constitucionais, paulatinamente, definem princípios relacionados a temas antes reservados exclusivamente ao Código..." civilista e também, na atualidade, com mais detalhes na órbita do direito do trabalho, "... de maneira a assegurar resultados sociais pretendidos pelo Estado."[134]

Então que na Carta Constitucional estão os fundamentos de validade jurídica primeira das regras infraconstitucionais. "Por isso é que o Direito Privado se vê modificado por normas constitucionais. Por sua vez, o Direito Civil [e em especial na área laboral] ascende progressivamente, pretendendo dar caráter fundamental a muitas de suas regras, produzindo-se então uma 'constitucionalização do Direito Civil'."[135] — tal qual ocorreu com o Direito do Trabalho no Brasil.

Lorenzetti põe que a tendência das Cartas Fundamentais de origem latino-americana é disciplinar os direitos fundamentais e de teor privado, e a "Constituição da República Federativa do Brasil de 1988, é aquela que mais tem avançado. Seu Título I refere-se aos princípios fundamentais, o Título II aos direitos e garantias fundamentais; ambos reúnem 17 artigos com numerosos incisos. O título VII estabelece disposições sobre a ordem econômica e financeira, o Título VIII sobre a ordem social. O conteúdo de normas de Direito Privado é muito numeroso. Os direitos da pessoa, sua intimidade, a igualdade, o segredo, o direito de acesso à informação, o de trabalhar, os direitos dos consumidores, a regulamentação da empresa, das finanças, constituem um verdadeiro corpo normativo de Direito Privado".[136]

No entanto, o mesmo autor adverte que "... seu detalhismo é contraproducente: ou imobiliza o desenvolvimento social, ou torna-se inaplicável". Sem dúvida que é o estabelecimento de regras constitucionais gerais com canal aberto para complementações através de diversos mecanismos jurídicos infraconstitucionais, intercontinentais (convenções, tratados internacionais, etc.), de negociações coletivas, regulamentações interpessoais, dentre outros, que produz resultados pragmáticos memoráveis e conduz à eficaz solução dos conflitos sociais de toda ordem.

Verdadeiramente, "a Constituição é fonte de regras de Direito Privado que têm uma importância fundamental, já que condicionam o legislador, o juiz, e muitas delas são invocáveis pelas partes. Podem ter uma eficácia direta ou ser de gozo indireto".[137]

---

(134) *Ibidem*, p. 7.
(135) LORENZETTI, Ricardo Luis. *Fundamentos do direito privado*. São Paulo: Revista dos Tribunais, 1998. p. 253.
(136) *Ibidem*, p. 256.
(137) *Ibidem*, p. 258.

Portanto, as "funções do Código esmaeceram-se, tornando-o obstáculo à compreensão do direito civil atual e de seu real destinatário; sai de cena o indivíduo proprietário para revelar, em todas suas vicissitudes, a pessoa humana. Despontam a afetividade, como valor essencial da família; a função social, como conteúdo e não apenas como limite, da propriedade, nas dimensões variadas; o princípio da equivalência material e a tutela do contratante mais fraco, no contrato. (...) Quando a legislação civil for claramente incompatível com os princípios e regras constitucionais, deve ser considerada revogada, se anterior à Constituição, ou inconstitucional, se posterior a ela. Quando for possível o aproveitamento, observar-se-á a interpretação conforme a Constituição. Em nenhuma hipótese, deverá ser adotada a disfarçada resistência conservadora, na conduta frequente de se ler a Constituição a partir do Código Civil".[138] No mesmo sentido em relação às regras ordinárias e outras tantas esparsas atinentes ao Direito do Trabalho em suas dimensões individuais e coletivas.

Os estudiosos em geral, que se dedicam a entender, explicar, justificar e explicitar os presentes fenômenos globais, doutrinam, remarca-se, na linha de que é humanamente impossível normatizar todas as situações fáticas concretas ou mesmo antecipá-las através da produção jurídica, intuindo não tornar obsoleta a legislação mesmo a partir do instante da vigência.

Daí por que saudável a postura dos operadores jurídicos na utilização das chamadas cláusulas gerais em detrimento da técnica única de tipificação legal de condutas. Dessarte, compete "... ao intérprete [mormente aos destinatários das regras legais] depreender das cláusulas gerais os comandos incidentes sobre inúmeras situações [presentes e] futuras, algumas delas sequer alvitradas pelo legislador, mas que se sujeitam ao tratamento legislativo pretendido por se inserirem em certas situações-padrão: a tipificação taxativa dá lugar a cláusulas gerais, abrangentes e abertas".[139]

Ilustrativamente *Tepedino* menciona que a "Teoria Geral dos Contratos já não atende mais às necessidades próprias da sociedade de consumo, da contratação em massa, da contratação coletiva. A Teoria Geral da Propriedade já não responde à pluralidade de situações jurídicas em que se dá o exercício do domínio que, por isso mesmo, se fragmenta. No âmbito do direito comercial, o direito de propriedade, unitariamente concebido, não é suficiente para abranger a cisão operada entre o controle da empresa e a titularidade das ações. Em matéria de responsabilidade, o mesmo se percebe, tornando-se evidente a insuficiência da responsabilidade aquiliana para explicar e solucionar os problemas há muito emergentes, e que se intensificam com o passar dos anos, com o desenvolvimento industrial e tecnológico".[140]

---

(138) LÔBO, Paulo Luiz Netto, *op. cit.*, item 11.
(139) TEPEDINO, Gustavo, *op. cit.*, p. 9.
(140) *Ibidem*, p. 11.

Relativamente às inovações, ou ausências delas, no novel texto civil brasileiro de 2002, não obstante as críticas de toda sorte lançadas por estudiosos e profissionais mormente da área jurídica, as cláusulas gerais ali espraiadas são plenamente passíveis de manejo de forma a amoldar e ajustar todos os fatos emergentes na ciranda judicial.

Aliás, as "constituições contemporâneas e o legislador especial utilizam-se de cláusulas gerais convencidos que estão da sua própria incapacidade, em face da velocidade com que evolui o mundo tecnológico, para regular todas as inúmeras e multifacetadas situações nas quais o sujeito de direito se insere. Cláusulas gerais equivalem a normas jurídicas aplicáveis direta e imediatamente nos casos concretos, não sendo apenas cláusulas de intenção".[141]

Assim sendo, um "código não totalitário tem janelas abertas para a mobilidade da vida, pontes que o ligam a outros corpos normativos — mesmo os extrajurídicos — e avenidas, bem trilhadas, que o vinculam, dialeticamente, aos princípios e regras constitucionais".[142]

Algumas e importantes cláusulas gerais estão elencadas no Código civilista do Brasil, destacando-se as referentes à função social do contrato e à observância dos princípios de probidade e da boa-fé na estipulação de contratos[143]. Evidente, assim, a maleabilidade e o respaldo jurídico amplos concedidos aos atores jurídicos para a argumentação e fundamentação de seus escritos, pleitos e decisões através das citadas cláusulas.

Destarte, martela-se, que "no universo *craquelé* da Pós-Modernidade não tem sentido, nem função, o código total, totalizador e totalitário, aquele que, pela interligação sistemática de regras casuísticas, teve a pretensão de cobrir a plenitude dos atos possíveis e dos comportamentos devidos na esfera privada, prevendo soluções às mais variadas questões da vida civil em um mesmo e único *corpus* legislativo, harmônico e perfeito em sua abstrata arquitetura".[144]

---

(141) *Ibidem*, p. 19.
(142) COSTA, Judith Hofmeister Martins. O direito privado como um "sistema em construção": as cláusulas gerais no projeto do código civil brasileiro. In: *Revista da Faculdade de Direito da Universidade Federal do Rio Grande do Sul*, Porto Alegre: Síntese, n. 15, p. 129-154, 1998. Disponível em:<http://www.jus.com.br/doutrina/ccivcons.html> Acesso em: 2001, Item I.
(143) **Art. 421.** A liberdade de contratar será exercida em razão e nos limites da função social do contrato.
Art. 422. Os contratantes são obrigados a guardar, assim na conclusão do contrato, como em sua execução, os princípios de probidade e boa-fé.
Art. 423. Quando houver no contrato de adesão cláusulas ambíguas ou contraditórias, dever-se-á adotar a interpretação mais favorável ao aderente.
Art. 424. Nos contratos de adesão, são nulas as cláusulas que estipulem a renúncia antecipada do aderente a direito resultante da natureza do negócio.
Art. 425. É lícito às partes estipular contratos atípicos, observadas as normas gerais fixadas neste Código.
(144) COSTA, Judith Hofmeister Martins, *op. cit.*, introdução.

"Trata-se, em uma palavra, de estabelecer novos parâmetros para a definição de ordem pública, relendo o direito civil (e o direito *do* e *ao* trabalho) à luz da Constituição, de maneira a privilegiar, insista-se ainda uma vez mais, os valores não patrimoniais e, em particular, a dignidade da pessoa humana, o desenvolvimento da sua personalidade, os direitos sociais e a justiça distributiva, para cujo atendimento deve se voltar a iniciativa privada e as situações jurídicas patrimoniais."[145]

Enfim, mourejar juridicamente em prol única e exclusivamente do homem — o indivíduo, a pessoa considerada nas suas particularidades, sobrevivente do mundo palpável, concreto — e, secundariamente, em mira suas circunstâncias com terceiros ou objetos normalmente tendo por suporte fático questões de índole patrimonial. "Por mais humilde e de poucas letras que seja o indivíduo, não é difícil a ele se autorreconhecer como pessoa: certamente saberá que é humano, é semelhante aos outros, e que tem vida, sentimentos, vontades, necessidades, anseios, sonhos, dignidade..."[146]

4.3. Direitos de personalidade

Personalidade: é um atributo jurídico?

Pereira diz que "a personalidade, como atributo da pessoa humana, está a ela indissoluvelmente ligada. Sua duração é a vida. Desde que vive e enquanto vive, o homem é dotado de personalidade".[147]

O texto civil brasileiro, por sua vez, contém a respeito que a personalidade civil do homem, da pessoa, principia com o nascimento, com vida, resguardando o direito do nascituro desde a concepção. O mesmo texto codificado, modificado no ano de 2002, por sua vez, dedica capítulo específico intitulado sobre os *direitos da personalidade*, dando vazão ao contido no art. 5º da Constituição Federal atinente a diversos direitos e garantias fundamentais ali mencionados, todos de imediata aplicabilidade[148]. Destaque para os artigos civilistas

---

(145) TEPEDINO, Gustavo, *op. cit.*, p. 22.
(146) MEIRELLES, Jussara. O ser e o ter na codificação civil brasileira: do sujeito virtual à clausura patrimonial. In: FACHIN, Luiz Edson (Coord.). *Repensando fundamentos do direito civil contemporâneo*. Rio de Janeiro: Renovar, 1998. p. 88.
(147) PEREIRA, Caio Mário da Silva. *Instituições de direito civil*. Rio de Janeiro: Forense, 1994. p. 144.
(148) "Art. 5º — Todos são iguais perante a lei, sem distinção de qualquer natureza, garantindo-se aos brasileiros e aos estrangeiros residentes no País a inviolabilidade do direito à vida, à liberdade, à igualdade, à segurança e à propriedade, nos termos seguintes:
(...)
IV — é livre a manifestação do pensamento, sendo vedado o anonimato;
V — é assegurado o direito de resposta, proporcional ao agravo, além da indenização por dano material, moral ou à imagem; (...)
IX — é livre a expressão da atividade intelectual, artística, científica e de comunicação, independentemente de censura ou licença;

de n. 11 — "com exceção dos casos previstos em lei, os direitos da personalidade são intransmissíveis e irrenunciáveis, não podendo o seu exercício sofrer limitação voluntária" —, n. 12 — "pode-se exigir que cesse a ameaça, ou a lesão, a direito da personalidade, e reclamar perdas e danos, sem prejuízo de outras sanções previstas em lei (...)" —, n. 20 — "salvo se autorizadas, ou se necessárias à administração da justiça ou à manutenção da ordem pública, a divulgação de escritos, a transmissão da palavra, ou a publicação, a exposição ou a utilização da imagem de uma pessoa poderão ser proibidas, a seu requerimento e sem prejuízo da indenização que couber, se lhe atingirem a honra, a boa fama ou a respeitabilidade, ou se se destinarem a fins comerciais" —, e n. 21 — "a vida privada da pessoa natural é inviolável, e o juiz, a requerimento do interessado, adotará as providências necessárias para impedir ou fazer cessar ato contrário a esta norma" —, todos em harmonia com a Constituição.

Vero, portanto, que, sob o prisma objetivo, "... a personalidade seria (e é) um valor e, por conseguinte reconhecido como um bem jurídico em si mesmo, tomado no conjunto de características e atributos do ser humano. Haverá [como de fato tem] tutela e proteção pelo regramento jurídico às pessoas, indicando os *direitos da personalidade, os direitos humanos, os direitos sociais fundamentais*".[149]

Por sinal, "a categoria dos direitos da personalidade, direitos individuais ou direitos personalíssimos é relativamente recente, entendendo-se antigamente que a vida, a saúde, a honra, a liberdade eram bens protegidos exclusivamente pelo Direito Penal e pelo Direito Público, não constituindo verdadeiros direitos subjetivos amparados pelo Direito Civil".[150]

X — são invioláveis a intimidade, a vida privada, a honra e a imagem das pessoas, assegurado o direito a indenização pelo dano material ou moral decorrente de sua violação; (...)
XII — é inviolável o sigilo da correspondência e das comunicações telegráficas, de dados e das comunicações telefônicas, salvo, no último caso, por ordem judicial, nas hipóteses e na forma que a lei estabelecer para fins de investigação criminal ou instrução processual penal; (...)
XIV — é assegurado a todos o acesso à informação e resguardado o sigilo da fonte, quando necessário ao exercício profissional; (...)
XXII — é garantido o direito de propriedade;
XXIII — a propriedade atenderá a sua função social; (...)
LIV — ninguém será privado da liberdade ou de seus bens sem o devido processo legal; (...)
LVI — são inadmissíveis, no processo, as provas obtidas por meios ilícitos; (...)
LXXII — conceder-se-á *habeas data*:
a) para assegurar o conhecimento de informações relativas à pessoa do impetrante, constantes de registros ou bancos de dados de entidades governamentais ou de caráter público;
b) para a retificação de dados, quando não se prefira fazê-lo por processo sigiloso, judicial ou administrativo;
§ 1º — As normas definidoras dos direitos e garantias fundamentais têm aplicação imediata. ..."
(149) COUTINHO, Aldacy Rachid. Aplicação da teoria da desconsideração da personalidade jurídica no processo de execução trabalhista. In: NORRIS, R. (Coord.). *Execução trabalhista:* visão atual. Rio de Janeiro: Forense, 2001. p. 211.
(150) WALD, Arnold. *Curso de direito civil brasileiro:* introdução e parte geral. 8. ed. São Paulo: Revista dos Tribunais, 1995. p. 122.

Wald, por sua vez, firma tese, perfeita, de "... que os direitos da personalidade são verdadeiros direitos subjetivos, pois implicam criar um dever jurídico de abstenção para todos os membros da coletividade".[151] Todavia, nada obstante a notória capitalização da lei civil atualmente em vigor no Brasil, há que se reconhecer que o tratamento legal dispensado ao *sujeito virtual* aproxima-se um pouco mais da pessoa enquanto *sujeito real*.

De qualquer sorte, a visão que o exegeta deve direcionar aos pontuais regulamentos civis é no sentido de que em hipótese alguma a personalidade simplesmente é penduricalho do virtual sujeito de direito. Como diz *Meirelles*, precisa-se "... analisar a personalidade humana e todas as suas emanações sob enfoque diverso. O ser humano não tem uma personalidade, ele é a expressão viva da sua própria personalidade. Assim, ainda que a ordem jurídica lance sobre o homem o olhar ideologizado da titularidade, todo o conjunto de múltiplas emanações em que se resume a personalidade humana deve ser visto como o ser humano mesmo, considerado em sua própria estrutura fundamental na qual se assentam todos os direitos de que é titular".[152]

Wald traz a lume diversos exemplos em seu manuscrito. Veja-se que "o direito à inviolabilidade corporal importa [n]a possibilidade para o titular do direito de dispor do seu próprio corpo, inclusive para após a sua morte, devendo dar o seu consentimento em casos de operações cirúrgicas. As recentes descobertas biológicas referentes à inseminação artificial justificam uma regulamentação completa da matéria, que já foi objeto de cogitação pelo legislador brasileiro (Lei n. 5.479, de 10.8.68), deve ser complementado, seguindo-se o exemplo da legislação estrangeira. Quanto aos transplantes estão atualmente regulamentados pela Lei n. 8.489, de 18.11.92".[153]

Por todas as razões digitadas, tecla-se insistentemente na dignidade da pessoa humana, pressuposto e fundamento último das ações executivas, legislativas, judiciárias e dos próprios destinatários, legitimadas através da Constituição, pelas contratações coletivas, pelas normas gerais de conduta vigentes numa determinada sociedade, num determinado tempo.

Escritura, pois, *Tepedino*, com acerto, que "... parece lícito considerar a personalidade não como um novo reduto de poder do indivíduo, no âmbito do qual seria exercido a sua titularidade, mas como valor máximo do ordenamento, modelador da autonomia privada, capaz de submeter toda a atividade econômica a novos critérios de validade".[154]

---

(151) *Idem*.
(152) MEIRELLES, Jussara, *op. cit.*, p. 99.
(153) WALD, Arnold, *op. cit.*, p. 122.
(154) TEPEDINO, Gustavo, *op. cit.*, p. 47.

Nesse contexto, todas as relações jurídicas de índole manifestamente privada que até então eram centradas no patrimônio, no privado, passam a ter novas vestimentas, de domínio público. Como dito preteritamente, é a constitucionalização do direito comum, nas suas mais diversas ramificações.

"Enfim, a pessoa humana passa a centralizar as cogitações jurídicas, na medida em que o ser é valorizado. O seu papel anteriormente estabelecido pelas disposições do Código Civil, determinado fundamentalmente pela propriedade, pelo ter, assume função meramente complementar. A excessiva preocupação com o patrimônio, que ditou a estrutura dos institutos basilares do Direito Civil, não encontra resposta na realidade contemporânea, mais voltada ao ser humano na sua total dimensão ontológica, cujos interesses de cunho pessoal se sobrepõem à mera abstração que o situava como simples polo de relação jurídica."[155]

Tepedino aduz que "... não se trataria de enunciar um único direito subjetivo ou classificar múltiplos direitos da personalidade, senão, mais tecnicamente, de salvaguardar a pessoa humana em qualquer momento da atividade econômica, quer mediante os específicos direitos subjetivos (previstos pela Constituição e pelo legislador — saúde, imagem, nome, etc.), quer como inibidor de tutela jurídica de qualquer ato jurídico patrimonial ou extrapatrimonial que não atenda à realização da personalidade".[156]

Noutra dimensão, é priorizar a *pessoa humana* na batalha travada entre particulares, entre sujeitos físicos e jurídicos, entre os Estados contemporâneos e os zumbis *mercados financeiros*; afinal, o tudo se faz *pelo* e *para o* homem, o qual somente agrega valor, jamais representando qualquer espécie de obstáculo em seus campos de atuação.

A espécie humana juridicizada está na categoria pessoa natural da codificação civil. A nomenclatura pessoa, coroando pleno êxito no seu alcance metafísico enquanto sujeito das relações jurídicas, tem disfarçado sentido etimológico. Com efeito, contemplam-se infindáveis pergaminhos consagrando que sua gênese está na palavra latina "... *persona-ae*, termo que retratava na Antiguidade, enquanto significado, a máscara utilizada por atores teatrais na interpretação, papel atribuído a essa máscara, hoje é tomado como o personagem representado pelo homem, de carne e osso, no palco do direito".[157] *França*, por sua vez, acrescenta que tal expressão "... tem origem no verbo *personare (per + sonare)*, que quer dizer *soar com intensidade*".[158], no mesmo sentido de *Monteiro*.[159]

---

(155) MEIRELLES, Jussara, *op. cit.*, p. 111.
(156) TEPEDINO, Gustavo, *op. cit.*, p. 47.
(157) COUTINHO, Aldacy Rachid, *op. cit.*, p. 213-214.
(158) FRANÇA, Rubens Limongi. *Instituições de direito civil*. 4. ed. São Paulo: Saraiva, 1996. p. 45.
(159) "Os atores adaptavam ao rosto uma máscara, provida de disposição especial, destinada a dar eco às suas palavras. (...) A máscara era uma *persona*, porque fazia ressoar a voz da pessoa." (MONTEIRO, Washington de Barros. *Curso de direito civil*. 23. ed. São Paulo: Saraiva, 1984. p. 55.)

Na contemporaneidade, a pessoa natural é, portanto, às vezes um ser real, outras um ser virtual, ou ambas as hipóteses simultaneamente, dependendo de cada caso concreto, do seu enquadramento legal e da postura hermenêutica adotada pelo operário jurídico.

Evidente, portanto, que "... não é da 'natureza' das coisas tal identificação. No passado, o direito já conviveu com a escravidão, em que determinado ser humano, de carne e osso, pelo nascimento, pela cor, pela guerra ou por dívidas, não era reconhecida na ordem jurídica enquanto *pessoa*".[160]

O elemento essencial para consolidação do ser *pessoa* como *sujeito de direito* "... é estar na posição de titular de direito. Não importa se esse direito está subjetivado, se é munido de pretensão e ação, ou de exceção. Mas importa que haja 'direito' ...". Se alguém não está em legítima condição de figurar em um dos polos das relações de direito não é sujeito de direito: é pessoa; "... isto é o que *pode* ser sujeito de direito, além daqueles direitos que o ser *pessoa* produz. O ser *pessoa* é fato jurídico: com o nascimento, o ser humano entra no mundo jurídico, como elemento do suporte fático em que o nascer é o núcleo. Esse fato jurídico tem a sua irradiação de eficácia".[161]

O encargo específico da personalidade nesse quadro formatado, ainda segundo *Miranda*, "... é a possibilidade de se encaixar em suportes fáticos, que, pela incidência das regras jurídicas, se tornem fatos jurídicos; portanto, a possibilidade de ser sujeito de direito. A personalidade, como possibilidade, fica diante dos bens da vida, contemplando-os e querendo-os, ou afastando-os de si; o ser sujeito de direito é *entrar* no suporte fático e *viver* nas relações jurídicas, como um dos termos delas".[162]

A atuação do sujeito de direito, de outra banda, está cercada de detalhes legais, que lhe concedem, ou não, legitimidade para tal, independentemente do seu consciente ou inconsciente querer. "A ordem jurídica priva certas pessoas do exercício por si dos direitos, estabelecendo as incapacidades. (...) A capacidade de gozo tem-na indistintamente todas as pessoas por ser expressão da personalidade..."[163] Esta é a conhecida capacidade de direito. A capacidade de fato ou de exercício obviamente está diretamente jungida à necessidade de direito. "Não se pode exercer um direito sem se ser capaz de adquiri-lo. Uma não se concebe, portanto, sem a outra. Mas a recíproca não é verdadeira. Pode-se ter capacidade de direito sem capacidade de fato; adquirir o direito e não poder exercê-lo por si".[164]

---

(160) COUTINHO, Aldacy Rachid, *op. cit.*, p. 215.
(161) MIRANDA, Pontes de. *Tratado de direito privado*. 4. ed. São Paulo: Revista dos Tribunais, 1974. v. 1, p. 153.
(162) *Idem.*
(163) GOMES, Orlando. *Introdução ao direito civil*. 10. ed. Rio de Janeiro: Forense, 1990. p. 134.
(164) *Ibidem*, p. 172.

Afora os condicionamentos legais, por vezes o sujeito de direito, agindo individualmente, não tem poder suficiente para fazer valer seus direitos ou alcançar o objetivo desejado. Não é sem motivação que, hodiernamente, em países onde a democracia é conservada e praticada, "... na medida do possível, têm prevalecido o diálogo, a discussão e a negociação coletiva, como meios necessários para se manter, com menos dificuldades e mais eficácia, as conquistas dos trabalhadores compatíveis com sua dignidade, diante dos efeitos perversos da globalização da economia".[165]

Tudo, enfim, sucede-se em razão e pelo homem. "Constituído o direito por causa do homem, centraliza este todos os cuidados do ordenamento jurídico e requer a atenção do pensamento contemporâneo."[166]

4.4. Trabalhador, sujeito de direitos

Com mais pertinência, proteção especial ao homem enquanto ser humano e enquanto partícipe da relação jurídica contratual trabalhista. De outra parte, não apenas nos âmbitos civilista e trabalhista, a proeminência das características individualista e patrimonialista. A todo o instante, em qualquer local que o indivíduo se encontre, supostamente isolado em sua residência, é bombardeado por sons e imagens nos quais há falsa promessa de conquista do mundo ideal, com as esdrúxulas facilidades e grandes variedades ofertadas na informatizada, mutante e canonizada mercancia existente na atualidade.

No entanto, "as imagens, estereotipadas e sonhadas, são ditadas dentro de uma sociedade de massa capitalista, mutável, gerando uma orquestração de frustrações".[167] As promessas são de tal monta e com implacável força convincente que incutem no ser humano expectativas reais do breve porvir. E "... nesse imaginário social, o trabalhador é um vencedor ou um perdedor, segundo a habilidade que tenha na utilização do seu trabalho como meio de acumulação de capital. Afinal, toda riqueza deriva do trabalho e é dimensionada a partir da disposição e estímulo de cada um em trabalhar cada vez mais. Veneração e exaltação ao trabalho vêm acompanhadas do modelo de sucesso e felicidade de todos os que conquistaram independência econômica e realização profissional em uma suposta igualdade de oportunidades".[168]

Fórmula eficaz sim para a mantença do empregado sob controle, em constante labor diuturno, acima de tudo compulsivo consumidor e indispensável

---

(165) GOMES, Dinaura Godinho Pimentel, *op. cit.*, p.181.
(166) GOMES, Orlando, *op. cit.*, p. 143-144.
(167) COUTINHO, Aldacy Rachid. Função social do contrato individual de trabalho. In: COUTINHO, Aldacy Rachid; DALLEGRAVE NETO, José Affonso; GUNTHER, Luiz Eduardo (Coord.). *Transformações do direito do trabalho.* Curitiba: Juruá, 2000. p. 26.
(168) CARMO, P. S., *apud* COUTINHO, Aldacy Rachid. *Função social...*, p. 26.

reprodutor do sistema capitalista em voga. "O 'novo evangelho' do consumo transforma o escopo de lucro, de vício em virtude, altera a economia de produção em uma economia de consumo, inicialmente voltada a todos os potenciais compradores — estruturação *just in case* — e, atualmente, aos que tenham capacidade aquisitiva, segundo a demanda — denominado *just in time*."[169]

Barcellona mesmo discorre que "trabajos, puestos profesionales, roles sociales son una trama dentro de la cual los individuos juegan su partida haciéndose cada vez más diferenciados y heterogéneos pero al mismo tiempo más semejantes. La imagen liberal clásica de la indidualidad propietaria ha sido sustituida progresivamente por la propiedad de los objetos de consumo. (...) En realidad, el individuo está desestructurado, definido em términos de espacios adquiridos mediante los roles y los status que revelan una realidad mercantilizada tan verdadera como lo son los procesos reales de producción matérial y de reproducción social de la sociedad moderna".[170]

A doutrinação extremamente individualista e capitalista que envolve o empregado-consumidor produz os almejados resultados porque a plantação é feita em campo fecundo: trabalhador, mormente o passivo nacional brasileiro, via de regra em constante busca de seu sustento ainda jovem, altamente vulnerável e com necessidades prementes, diferentemente do alienígena privilegiado, onde o Estado proporciona formação educacional gratuita e completa, não reclamando divisão do tempo com trabalho. Neste contexto, "que sujeito conceitual é esse, a quem a regra jurídica reconhece aptidão para adquirir direitos e contrair obrigações?".[171]

Comuníssimo confronto com menores trabalhando ou que já tenham prestado serviço em proibida idade, e mesmo exercendo atividade ilícita. Sem qualquer dúvida de que "não se reconhece validade ao trabalho enquanto objeto inidôneo, proibido ou ilícito. Evidentemente que, neste campo, o Direito do Trabalho faz atuar duplamente a sua finalidade protetiva (= *freios legais*), estabelecendo uma restrição ao conteúdo negocial com norma proibitiva (*v. g.* proibição do trabalho insalubre aos menores de 18 anos) e, por outro lado, reconhecendo a irretroatividade por infração a ditas regras, com a determinação do pagamento por quem deles se beneficiou".[172]

---

(169) COUTINHO, Aldacy Rachid. *Função social...*, p. 27.
(170) "Trabalhos, postos profissionais, 'papéis' sociais são uma trama dentro da qual os indivíduos jogam sua partida tornando-se cada vez mais diferenciados e heterogêneos porém ao mesmo tempo mais semelhantes. A imagem liberal clássica da individualidade proprietária tem sido substituída progressivamente pela propriedade dos objetos de consumo. (...) Na realidade, o indivíduo está desestruturado, definido em termos de espaços adquiridos mediante os 'papéis' e os s*tatus* que revelam uma realidade mercantilizada tão verdadeira como o são os processos reais de produção material e de reprodução social da sociedade moderna." (BARCELLONA, Pietro. *El individualismo propietario*. Madrid: Simancas, 1996. p. 133)
(171) COUTINHO, Aldacy Rachid. *Função social...*, p. 29.
(172) COUTINHO, Aldacy Rachid. Contrato de trabalho por prazo determinado. In: DALLEGRAVE NETO, José Affonso (Coord.). *Direito do trabalho*: estudos. São Paulo: LTr, 1997. p. 332.

Menor ou não, trabalhador urbano ou rural, o certo é que todo e qualquer empregado está, ainda, em condição subordinada relativamente ao seu tomador de serviços — empregador, mesmo quando este não está, de fato, na efetiva titularidade da relação jurídica, considerando-se que "empregador já não é, necessariamente, quem se serve da atividade do empregado: pode ser quem o contrata formalmente e o aluga a outro, comercializando a sua força de trabalho. Fantasiado por outros nomes, o contrato de *marchandage* se legaliza e se legitima — e também por isso se espalha".[173]

É, como diz *Coutinho*, "... um ausente de poder,..."[174]. Evidente que a categoria empregado não se encontra no mesmo plano jurídico da categoria sujeito de direito de que trata a lei civil, repise-se, qual seja, aquela pessoa enquadrada na concepção de que "... adentrou (n)o direito privado (como sendo e) é a do homem liberto da escravidão e da servidão, capaz de conscientemente manifestar sua vontade ou ditada exclusivamente pelos seus interesses: se é homem livre, só por sua vontade assume obrigações; sua dimensão é a patrimonial e enquanto ser proprietário, seus interesses se voltam nas relações jurídicas à aquisição e transmissão dos bens e à administração de seu patrimônio".[175]

Em termos de equiparação, é a categoria empregador que se amolda à figura da irreal pessoa civilista, ser este que é "... protegido pelo que tem e detém e não pelo que é".[176]

Realmente, a retórica dos interessados é a de que "o empregador é detentor da propriedade sobre os meios de produção e, nessa extensão, merece proteção em uma suposta necessidade de segurança jurídica nas relações que porventura entabular, assegurando a ordem jurídica, o poder de exigir ou pretender que o empregado realize um determinado comportamento positivo (entregar a força de trabalho)".[177]

O trabalhador, por sua vez, "... embora possua apenas a sua força de trabalho, necessária como elemento agregador de valor ao capital e, tão só a partir dessa variável, resta protegido para preservação da própria estrutura social e econômica. Ao mesmo tempo em que o empregado está em um estado de sujeição em relação aos poderes do empregador de produção de efeitos jurídicos, lhe restam, fora da órbita dos poderes do empregador, os direitos que mantêm a própria estrutura capitalista: limitação da jornada e períodos de descanso para preservação da própria força de trabalho (*questões de tempo*), remuneração e suas garantias, eis que o trabalho não é escravo e precisa com o valor de

---

(173) VIANA, Márcio Túlio. A proteção social do trabalhador no mundo globalizado. In: *Revista da Associação Nacional dos Magistrados do Trabalho*, Brasília, a. XI, n. 37, p. 31-50, p. 46, ago. 1999.
(174) COUTINHO, Aldacy Rachid. *Função social...*, p. 29.
(175) *Idem.*
(176) *Idem.*
(177) *Idem.*

troca movimentar a própria economia (*questões de valor*) e condições de realização do trabalho (*questões de modo*), tomadas no aspecto monetário".[178]

Não é sem razão a ferrenha luta que se trava nos bastidores judiciais e políticos pela permanência das regras insertas tanto na Constituição brasileira — e em especial na Consolidação das Leis do Trabalho —, ou seja, que o contrato de trabalho ainda seja "... regulado por normas imperativas e inderrogáveis (...) com o [suposto] intuito de proteger um dos sujeitos do contrato, o empregado".[179]

Em outra linha e no plano do contrato, tido como vestimenta da operação econômica por *Seleme*, ou seja, que deve ter por destino a realização de uma "... objetiva transferência de riqueza entre as partes que tomam lugar na operação econômica"[180], é essencial que seu fundamento e finalidade sejam de índole social.

O contrato teve como premissas "... a liberdade de contratar e a igualdade dos contratantes", com respaldo na lei. Assim, os sujeitos de direito, "... podem livremente participar do tráfego econômico-jurídico, em igualdade formal de condições com a contraparte". Por sua vez, "ao Estado como organizador da vida social, cabe apenas referendar e proteger (fazendo cumprir coativamente) aquilo que é estabelecido entre as partes".[181], tornando-se universal a regra da intangibilidade dos pactos, servindo perfeitamente ao capital, tendo em vista que "... o capitalismo está baseado na troca, no mercado, da força de trabalho transformada em mercadoria por um correspectivo salário, que apenas aparentemente remunera totalmente o trabalho prestado, uma vez que esconde a mais-valia apropriada pelo detentor do capital".[182]

Falando-se em liberdade contratual num sistema patrimonialista, "... faz-se supor que as trocas são realizadas por vontade livre e incondicionada de ambas as partes, mesmo no que se refere à alienação da força de trabalho. Na verdade, esta ideia oculta a imposição de determinada contratação à parte mais fraca que, hipoteticamente apenas, tem a possibilidade de negar-se a contratar ou a discutir os termos da contratação, uma vez que sua única mercadoria é a força de trabalho, que tem necessidade de trocar".[183]

Portanto, "a economia se insere na sociedade, traduzindo-se por relações entre sujeitos ou sujeito e bens ou serviços voltados ao atendimento das necessi-

---

(178) Idem.
(179) COUTINHO, Aldacy Rachid. *Contrato de trabalho...*, op. cit., p. 333.
(180) SELEME, Sérgio. Contrato e empresa: notas mínimas a partir da obra de Enzo Roppo. In: FACHIN, Luiz Edson (Coord.). *Repensando fundamentos do direito civil contemporâneo*. Rio de Janeiro: Renovar, 1998. p. 259.
(181) *Ibidem*, p. 261.
(182) *Ibidem*, p. 262.
(183) *Idem*.

dades do próprio homem e é exatamente o direito que permite sua constituição e funcionamento, numa função de rompimento, mascaramento e explosão".[184]

A técnica jurídica permite igualar os desiguais, tem-se mencionado. Na relação subjacente, no entanto, "... esconde-se a necessária disparidade (econômica, sobretudo) entre o detentor do capital e aquele que precisa alienar a sua força de trabalho ou adquirir determinados bens ou serviços, tendo de sujeitar-se à imposição da vontade do primeiro para garantir a sua subsistência".[185]

Coutinho assevera que "... o direito do trabalho mascara a exploração da força do trabalho pelo capital e a relação de apropriação real dos meios de produção, disfarçando-a sob o fenômeno da subordinação e dos poderes do empregador e da liberdade do trabalho dissimulados pela estrutura contratual".[186]

O iníquo desequilíbrio fortemente presente no contrato de trabalho contemporâneo deve ser rechaçado. Que o contrato seja também fator-limite da atividade econômica "... segundo parâmetros e valores sociais".[187] E, acima de tudo, tem ele "... como função primordial abrir um espaço de concretização das necessidades reais da pessoa, gente, incluídas condições materiais de sobrevivência e, ainda, abstratas ligadas à constituição da personalidade do ser trabalhador".[188]

A partir do instante em que "a concepção de que a não destinação de um direito à sua função social constitui abuso de direito sepultará o absolutismo da propriedade"[189], e então o tratamento a ser dispensado ao trabalhador irá "... para além do direito a um adicional de insalubridade, visando assegurar o direito à saúde e a um meio ambiente do trabalho saudável, quer retratem questões de abrangência social, como a justiça contratual, boa-fé, lealdade e confiança contratual ou instrumentalização do contrato como garantia de melhor distribuição de renda".[190]

"Na modificação do contrato está a garantia da sua preservação, atendendo aos interesses de um sistema econômico também modificado. A mudança estrutural e funcional do contrato se faz para que este mecanismo jurídico possa se adequar bem ao atendimento de novas finalidades, de novos rumos socioeconômicos."[191] Colocá-lo, como diz *Seleme*[192], a serviço da empresa, e não mais

---

(184) COUTINHO, Aldacy Rachid. *Função social*..., p. 44.
(185) SELEME, Sérgio, *op. cit.*, p. 262.
(186) COUTINHO, Aldacy Rachid. *Função social*..., p. 46.
(187) *Ibidem*, p. 44.
(188) *Idem*.
(189) CUNHA, Alexandre dos Santos. A autonomia privada frente à dicotomia público vs. Privado: algumas reflexões. In: *Revista da Fundação Escola da Magistratura do Trabalho do Rio Grande do Sul*. Porto Alegre, n. 4, p. 12, dez. 2001.
(190) COUTINHO, Aldacy Rachid. *Função social*..., p. 48.
(191) SELEME, Sérgio, *op. cit.*, p. 267.
(192) *Ibidem*, p. 268.

da propriedade, para atendimento de suas finalidades, tendo em mira a todo instante o interlocutor, hipossuficiente, mormente o cidadão operário e "... os valores éticos da sociedade".[193]

4.5. Intimidade e vida privada

Os direitos de personalidade são oponíveis contra todos e também ao Estado, sendo que sua violação poderá acarretar ressarcimento das mais variadas espécies: indenizações por danos patrimoniais ou morais, ou mesmo o direito à contraprova pelo ofendido.

A doutrina divide os direitos da personalidade em "... (i) direitos à integridade física, englobando o direito à vida, o direito ao próprio corpo e o direito ao cadáver; e (ii) direitos à integridade moral, rubrica na qual se inserem os direitos à honra, à liberdade, à vida privada, à intimidade, à imagem, ao nome e o direito moral do autor, dentre outros".[194]

O art. 18 da Constituição da Espanha garante "... el derecho al honor, a la intimidad personal y familiar y a la propia imagen", assim como "... el secreto de las comunicaciones y, en especial, de las postales, telegráficas y telefónicas, salvo resolución judicial". Ainda, a "... ley limitará el uso de la informática para garantizar el honor y la intimidad personal y familiar de los ciudadanos y el pleno ejercicio de sus derechos".

A Carta Constitucional do Brasil, a seu turno, nos incisos X, XI e XII do seu quinto artigo, como se reescreve, coloca que "é livre a expressão da atividade intelectual, artística, científica e de comunicação, independentemente de censura ou licença"; "são invioláveis a intimidade, a vida privada, a honra e a imagem das pessoas, assegurado o direito a indenização pelo dano material ou moral decorrente de sua violação" e "é inviolável o sigilo da correspondência e das comunicações telegráficas, de dados e das comunicações telefônicas, salvo, no último caso, por ordem judicial, nas hipóteses e na forma que a lei estabelecer para fins de investigação criminal ou instrução processual penal".

Significa dizer, em termos gerais e para as tituladas hipóteses, de maneira singela, que "os direitos à intimidade e à vida privada protegem as pessoas na sua individualidade e resguardam o direito de estar só".[195] *Barroso* explana que *intimidade* e *vida privada*, nada obstante pertencerem a distintos âmbitos

---

(193) COUTINHO, Aldacy Rachid. *Função social...*, p. 48.
(194) BARROSO, Luís Roberto. Liberdade de expressão *versus* direitos da personalidade. Colisão de direitos fundamentais e critérios de ponderação. In: SARLET, Ingo Wolfgang (Org.). *Direitos fundamentais, informática e comunicação*: algumas aproximações. Porto Alegre: Livraria do Advogado, 2007. p. 75.
(195) *Ibidem*, p. 76.

(fatos circunscritos ao indivíduo; espaço mais amplo das relações sociais do indivíduo — respectivamente), integram, ambas, o de *direito à privacidade*.

O direito à privacidade emana efeitos favoráveis ao indivíduo no que lhe é mais precioso em sua existência — seu diário pessoal de vida. O acesso a este espaço, por consequência, é barrado pela lei na medida em que guarda relatos das particularidades da vida íntima do cidadão. "Aí estão incluídos os fatos ordinários, ocorridos geralmente no âmbito do domicílio ou em locais reservados, como hábitos, atitudes, comentários, escolhas pessoais, vida familiar, relações afetivas. Como regra geral, não haverá interesse público em ter acesso a esse tipo de informação."[196]

A *honra*, bem como proteção suprema, respeita à dignidade da pessoa. Trata-se, por outro ângulo, de uma percepção humana, de um sentimento voltado ao respeito *erga omnes*. A *imagem*, igualmente amparada por lei, concerne à "... representação física do corpo humano ou de qualquer de suas partes, ou ainda de traços característicos da pessoa pelos quais ela possa ser reconhecida".[197] A violação deste último direito pode ser associado à *quebra* da honra do indivíduo.

No que concerne às imunidades relativas ao trânsito das informações e das comunicações, bem como ao da palavra expressa, o traço distintivo delineado pela doutrina brasileira caminha no sentido de que aquelas respeitam "... ao direito individual de comunicar livremente fatos e ao direito difuso de ser informado...". O direito de expressão, por sua vez, tem por fim "... tutelar o direito de externar ideias, opiniões, juízos de valor, em suma, qualquer manifestação do pensamento humano".[198]

As liberdades de informação e de comunicação, todavia, não são direitos irrestritos, chocando-se com outros estabelecidos na Constituição, a exemplo dos alusivos à hora, à intimidade, à vida privada e à imagem. Assim, diante dos casos concretos, há que haver o estabelecimento de prioridades para a solução do respectivo conflito. É na ponderação entre distintos valores constitucionais de igual importância que se chegará a uma harmoniosa decisão pelo operador jurídico.

Importante o registro de que "... uma lei que pretenda arbitrar uma colisão de direitos fundamentais de forma rígida e abstrata enfrentará dois óbices principais e interligados — a unidade da Constituição e a ausência de hierarquia entre os direitos — que levam à mesma consequência: a ausência de fundamento de validade para a preferência atribuída a um direito em detrimento de outro em caráter geral e permanente".[199]

---

(196) *Idem*.
(197) *Ibidem*, p. 79.
(198) *Ibidem*, p. 80.
(199) *Ibidem*, p. 91.

Com a informática presente nas relações humanas, "a quantidade de informações que podem ser armazenadas e transmitidas é de tal magnitude que exige o estabelecimento de soluções para os problemas que podem resultar entre informática e intimidade".[200] Ao ofendido em sua privacidade corresponde o respectivo direito de recomposição do dano, seja material ou moral; ao operador jurídico, a solução da demanda, seja pela via legislativa, seja pela via judicial.

Na Espanha, a propósito, no mês de maio de 2001 houve proposição de lei sobre o uso do correio eletrônico na empresa. Na exposição de motivos, consta que o Governo "... estudie la forma de poner en marcha las medidas necesarias para considerar el correo electrónico e Internet como instrumentos de comunicación e información de los trabajadores con sus representantes sindicales y viceversa, siempre que la actividad y características generales de las empresas lo permitan, facilitando el acceso de los trabajadores y sus representantes sindicales al correo electrónico e internet en la empresa, con garantía de inviolabilidad de las comunicaciones conforme al marco legal vigente. (...) Recuérdese que el correo electrónico está protegido por el derecho fundamental al secreto en las comunicaciones, y es de configuración más estricta que el derecho a la intimidad".

Também no Estado espanhol, ainda em 1985, o Tribunal Constitucional "... decidiu que a empresa não constitui um território imune às liberdades públicas dos trabalhadores, significando que as organizações empresariais não formam mundos isolados da sociedade e que a celebração do contrato de trabalho não priva o trabalhador dos direitos que a Constituição lhe reconhece, tampouco limita injustificadamente os seus direitos e liberdades públicas".[201]

No campo jurídico do trabalho há "... necesidad de que el ordenamiento laboral asuma una posición activa y articule respuestas capaces de hacer frente a sus efectos más negativos, recurriendo para ello a una reformulación de sus contenidos con el fin de adaptarlos a ese objetivo".[202] Trata-se de renovação do conteúdo da normatividade e estabelecimento de outras efetivamente eficazes, jamais de desmonte da que se encontra regulando os liames de emprego.

Aqui há que se ter como norte o *princípio da igualdade*, especialmente onde se encontra a diferença, buscando-se uma normatividade que se "... interprete y asigne un significado a las nuevas realidades que le permitan seguir desempeñando un papel importante en la estructuración de las relaciones de trabajo, desde la autonomía relativa de la regulación normativa de la misma".[203]

Pois que com as novas técnicas de informação a própria intimidade ganha nova significação. Com efeito, as circunstâncias de vida pessoal, familiar, social

---

(200) LIMBERGER, Têmis, op. cit., p. 199.
(201) BARROS, Alice Monteiro de. *Proteção à intimidade do empregado*. São Paulo: LTr, 1997. p. 34.
(202) RAYMOND, Wilfredo Sanguineti. Las transformaciones del empleador y el futuro del derecho del trabajo. In: *Revista de Derecho Social Latinoamérica*, Buenos Aires: Bomarzo, n. 3, p. 64, 2007.
(203) BAYLOS, Antonio. Igualdad, uniformidad..., p. 33.

do trabalhador, enfim, seus *dados sensíveis* ficam inevitavelmente condensados no *sistema*, "... permitindo até traçar um perfil psicológico dos indivíduos...".[204]

Evidente, assim, que o cadastro passível de ser formado pode conter dados referentes à ideologia, religião, origem racial, saúde, preferências sexuais, questões especiais profissionais, e o mais, cuja violação pode gerar nefastos efeitos para o indivíduo. Imprescindível, pois, certeza, máxima, de segurança quanto a segredo dos particulares dados pessoais, seja em domínios públicos ou privados.

Na seara laboral, a divulgação de citadas especiais informações do trabalhador pode gerar situações discriminatórias ou mesmo de desigualdade. "Um exemplo disso seria a hipótese de um trabalhador de determinada religião que não pode, em virtude de suas crenças, trabalhar no sábado. Apesar de poder acomodá-lo em outra jornada de trabalho, como forma de garantir seu direito fundamental de liberdade religiosa, a empresa, conhecendo esse dado de forma antecipada, pode deixar de contratá-lo, admitindo outro trabalhador que não traga essa espécie de problema."[205] O mesmo se diga em relação aos profissionais portadores de doenças graves, ou ao menos com potencial para adquiri-las por força da genética familiar, cujas informações integram o rol das já armazenadas em local próprio pelo sistema da tecnologia e de informação, conhecidas e passíveis de ciência por quem detém um computador e está *plugado* na *internet*, sem dúvida também pelo tomador de serviços.

O segredo, pois, para a mantença do *segredo* próprio do indivíduo está no plano dos direitos constitucionais, fazendo com que estes circulem e prevaleçam pelo mundo afora. Daí a necessidade de se legislar, de se convencionar, de se regulamentar em todos os níveis a respeito das novidades tecnológicas e seu impacto nos mais diversos relacionamentos humanos, especialmente no espaço dos decorrentes da conjunção de forças entre capital & trabalho, em que o prestador de serviços interage grande parte de sua existência.

---

(204) LIMBERGER, Têmis, *op. cit.*, p. 215.
(205) *Ibidem*, p. 218-219.

V — PERFORMANCES DA TECNOLOGIA NO CONTRATO DE TRABALHO

5.1. Aspectos gerais

Os efeitos decorrentes da utilização das novas tecnologias da informação não são sentidos apenas quando da possível admissão do trabalhador na empresa. A importância da capacitação profissional do trabalhador ganha relevo durante a execução do pacto laboral. Isto por que "... una de las formas más frecuentes de extinción del contrato por motivos objetivos es el llamado despido tecnológico, entendiendo con esta locución la rescisión del contrato por la incapacidad del trabajador de desarrollar las tareas encomendadas en el momento de la estipulación del contrato, como consecuencia de las modificaciones producidas en la modalidad de ejecución con motivo de la inserción de una nueva maquinaria en la organización".[206]

Nessa linha, entra em cena a citada necessidade de capacitação do trabalhador. Certamente que entre um prestador de serviços, com anos de casa e sem qualquer experiência profissional no ramo tecnológico, e um juvenil trabalhador com larga performance e novas e criativas ideias nessa seara, a escolha do tomador de serviços recairá sobre este último, que agrega lucros por um custo menor.

Com efeito, a opção certamente será pelo trabalhador que dispõe de prévia e atual formação profissional em troca de uma remuneração infinitamente menor, resultando, em diversas hipóteses, na dispensa "... de un trabajador que no se adapta a las modificaciones de la actividad productiva de la empresa..."[207], ou mesmo por razão de inadequado uso do equipamento informático pelo profissional, e também pela inexistência de suficiente conhecimento a respeito, gerando discussões jurídicas, inclusive se a questão da *dispensa tecnológica* se constitui numa evidente lesão ao existente e constitucional direito à formação profissional.

Considerando, por outro lado, que a economia de mercado no Estado brasileiro está mais liberal, sem um regramento específico voltado para a questão da concorrência empresarial, em vista da constante preocupação governamental com a concretização de valores individualmente considerados, mirando a dignidade da pessoa humana, e com a efetividade da justiça no âmbito social, é que se "... exige maior capacitação e organização dos dirigentes empresariais,

---

(206) LOFFREDO, Antonio, *op. cit.*, p. 172.
(207) *Idem.*

no processo de ampliação da competitividade de seus produtos, (onde) a solução negociada é o caminho mais democrático e mais eficaz, o que envolve o compromisso e a responsabilidade de todos aqueles que compõem o empreendimento, com mais ênfase os trabalhadores e seus órgãos de representação sindical".[208]

Nessa linha, impostergável a tomada de posição ativa tanto dos trabalhadores, na sua singularidade, como dos seus verdadeiros representantes sindicais, para, "... nos processos de reestruturação tecnológica, produtiva e organizacional da empresa, mediante o instrumento da negociação coletiva, torna-se mais fácil tutelar o trabalhador em face da automação (...) de acordo com as condições peculiares de cada empresa".[209]

A Constituição brasileira assegura aos trabalhadores urbanos e rurais proteção em face da automação (art. 7º, inciso XXVII). Então que se deve proporcionar ao trabalhador todos os meios e formas de se readequar profissionalmente na empresa, mesmo que para isto enseje readaptação funcional, requalificação ou remanejamento intuindo sua permanência na sociedade empresarial.

Veja-se que, a partir do instante em que um trabalhador não absorve qualquer novidade tecnológica, a qual é imprescindível para o atual desenvolvimento das funções, dá sem dúvida motivo para a dispensa. Entretanto, normalmente não se faz menção quando da contratação de qualquer prestador de serviços a sua obrigação de custear ou frequentar cursos de capacitação profissional em face das prováveis novas tecnologias surgidas no mercado e que rendem maior produtividade se de fato implantadas no setor produtivo empresarial.

Em jogo, pois, "... el mismo objeto del contrato de trabajo — o sea la profesionalidad ofrecida por parte del trabajador en el momento de su estipulación — sin volverlo a negociar; aun utilizando los principios del derecho civil, pero este fenómeno tendría que configurarse como una novación contractual y requerería, por lo tanto, un nuevo acuerdo entre las partes".[210]

De qualquer sorte, não pode, todavia, haver inversão de direitos e deveres quando o assunto é contrato de trabalho. Ou seja, não constitui ônus exclusivo do trabalhador a sua constante atualização profissional "... so pena de la posible extinción de la relación laboral, con la eventual marginación en el mercado de trabajo".[211]

"E mesmo nos casos mais ocorrentes de não se poder preservar o posto de trabalho a todos, a negociação coletiva é ainda o procedimento mais de-

---

(208) GOMES, Dinaura Godinho Pimentel, *op. cit.*, p. 186.
(209) *Idem.*
(210) LOFFREDO, Antonio, *op. cit.*, p. 172.
(211) *Idem.*

mocrático, para se estabelecer a ordem preferencial das demissões: antiguidade na empresa, encargos de família, facilidade de readaptação em outra função..."[212]

Nada além do que sustentado em linhas antecedentes que, mesclando-se interesses individuais e coletivos, sustentados pela legal "... autonomia privada coletiva, nos moldes democráticos, advindos da pretendida e necessária reforma da organização sindical e da legislação ordinária pertinente, já em debate, por certo advirá o novo marco normativo das relações coletivas de trabalho, no Brasil. Daí, provavelmente, pode resultar a efetiva observância do princípio da conservação da empresa em sintonia com a real concretização do princípio da dignidade da pessoa humana em face do trabalhador..."[213] em tempos de severa crise econômica.

Não somente às polêmicas questões de admissões e de demissões de trabalhadores & contrato de trabalho ensejam questionamentos jurídicos. Confrontos célebres quando interagem direitos fundamentais do tipo privacidade, intimidade, inviolabilidade de correspondência e direitos do empreendedor afetos ao seu poder diretivo, de propriedade, e o mais, que são imanentes à relação de emprego.

Como diz *Ruaro*, "... os direitos fundamentais à intimidade e à privacidade recebem uma leitura distinta, quando se trata de relações de trabalho (...), em que pese não poderem ser afetados, são matizados em certas circunstâncias".[214]

Sob este ângulo gravitam questionamentos diversos, com destaque para a simbiose entre os direitos fundamentais à intimidade do trabalhador e o poder de propriedade e de direção do empreendedor. Com efeito, até que ponto há possibilidade de interferência patronal no canal de comunicação do trabalhador, estabelecendo até mesmo restrições ao direito de liberdade de expressão, sem constituir abuso de poder? Ainda, quais são os limites para o estabelecimento de comunicações do trabalhador com terceiros, dentro ou fora da empresa, inclusive no que respeita ao meio utilizado para o estabelecimento de conversações e ao conteúdo das mensagens?

Enfim, o direito derivado da tecnologia na seara laboral possui ramificações incontáveis e seus desdobramentos desafiam constantemente o cientista jurídico, considerando as aceleradas mutações no sistema e mesmo o desconhecimento técnico do funcionamento de sua arquitetura.

---

(212) GOMES, Dinaura Godinho Pimentel, *op. cit.*, p. 186-187.
(213) *Ibidem*, p. 187.
(214) RUARO, Regina Linden. O conteúdo essencial dos direitos fundamentais à intimidade e à vida privada na relação de emprego: o monitoramento do correio eletrônico pelo empregador. In: SARLET, Ingo Wolfgang (Org.). *Direitos fundamentais, informática e comunicação*: algumas aproximações. Porto Alegre: Livraria do Advogado, 2007. p. 228.

A capacitação que se deseja para a solução de toda a problemática é altamente especializada, não cingindo, portanto, ao estudo de casos e sua interação com a normatização positivada ou tácita. O certo é honrar a norma constitucional, com abordagem axiológica do pertinente estudo, a partir, sempre, da dignidade da pessoa humana em sendo o trabalhador um dos protagonistas principais da relação capital & trabalho.

5.2. Privacidade *versus* propriedade no direito do trabalho

Na Constituição do Brasil se inscreve, inicialmente, sobre os princípios fundamentais, arrolando seus fundamentos. Albergam-se, além da soberania e da cidadania, a dignidade da pessoa humana, os valores sociais do trabalho e a livre iniciativa.

Estabelecem-se, também, em seu art. 170, os princípios gerais da atividade econômica; esta, "... fundada na valorização do trabalho humano e na livre iniciativa, tem por fim assegurar, a todos, existência digna, conforme os ditames da justiça social ..." sempre em observância à propriedade privada e à sua função social, além da "... defesa do meio ambiente, inclusive mediante tratamento diferenciado conforme o impacto ambiental dos produtos e serviços e de seus processos de elaboração e prestação", intuindo sempre "a redução das desigualdades regionais e sociais" e a "busca do pleno emprego".

A Constituição da Espanha, por sua vez, elege, em primeiro plano, o direito fundamental da dignidade da pessoa, além de "... los derechos fundamentales que le son inherentes..." e "... el libre desarrollo de la personalidad..." (art. 10). Em seu art. 33 há reconhecimento do direito à propriedade privada e que sua função social terá específico regramento quanto ao conteúdo. No de n. 35, por sua vez, estabelece-se que todos os cidadãos espanhóis "... tienen el deber de trabajar y el derecho al trabajo...". No art. 38 da Carta Política se reconhece "... la libertad de empresa en el marco de la economía de mercado. Los poderes públicos garantizan y protegen su ejercicio y la defensa de la productividad, de acuerdo con las exigencias de la economía general y, en su caso, de la planificación". Finalmente, no art. 40 há atribuição aos poderes públicos de realização de "... una política orientada al pleno empleo".

Portanto, nas relações de trabalho, além do devido respeito ao tomador de serviços, enquanto detentor da propriedade, destinada à realização de sua função social simultaneamente ao desenvolvimento da atividade negocial para a qual foi constituída, de forma sustentável em relação ao meio ambiente, acima de tudo há que haver o concreto culto à dignidade da pessoa de quem participa de tal jogo de mercado, mormente a do trabalhador.

Assim se faz necessário porque é cediço que "a dignidade é um valor espiritual e moral inerente à pessoa, que se manifesta singularmente na autodeterminação consciente e responsável da própria vida e que traz consigo a pretensão ao respeito por parte das demais pessoas, constituindo-se um mínimo invulnerável que todo estatuto jurídico deve assegurar, de modo que, somente excepcionalmente, possam ser feitas limitações ao exercício dos direitos fundamentais, sempre sem *menosprezar a necessária estima que merecem todas as pessoas enquanto seres humanos*".[215]

O ponto crucial na relação de trabalho, pois, no aspecto em relevo, é até que ponto o empregador possui o direito de ingerir no trânsito de informações secretas atinentes ao trabalhador, que lhe presta serviços.

Detalhes que devem ser considerados no que concerne ao empreendedor são, por exemplo, os seus inegáveis direitos ao sigilo profissional enquanto legítimo proprietário dos meios de produção e ao de fiscalizar o efetivo cumprimento do trabalho propriamente dito pelo trabalhador.

Na hipótese do sigilo empresarial, há que se ter em mente que, agregado ao direito de propriedade, está o de resguardo de determinadas informações relativas à execução da atividade econômica, que necessitam de proteção e seguro segredo por ser, na generalidade, a essência da viabilidade e sustentação ativa da empresa.

Parte da doutrina brasileira defende que os dados ou informações podem ser (a) totalmente públicos, sem qualquer limitação à divulgação; (b) internos, pelo que o acesso possui condicionamentos; (c) confidenciais, porque são vitais para a sociedade empresária e sua divulgação pode acarretar desequilíbrio e privações de possíveis lucros financeiros; (d) secretos, pelo que as informações compiladas são completamente inacessíveis à generalidade do grupo que integra o empreendimento, excepcionando-se aos dirigentes que conduzem a empresa.[216]

Sem sombra de dúvida que o trabalhador, no exercício de suas funções, tem o dever de guardar segredo a respeito de dados e informações pertinentes à empresa. No direito ordinário brasileiro há, por exemplo, específica regra versando sobre tal dever do profissional químico.

Com efeito, estatui o art. 346 da Consolidação das Leis do Trabalho que "será suspenso do exercício de suas funções, independentemente de outras penas em que possa incorrer, químico, inclusive o licenciado, que incidir..." na falta de "... revelar improbidade profissional, dar falso testemunho, quebrar o sigilo profissional e promover falsificações, referentes à prática de atos de que trata esta Seção;...". A regra do art. 482 da Consolidação das Leis do Trabalho brasileira é no sentido de que "constituem justa causa para rescisão do contrato de trabalho pelo empregador: (...) g) violação de segredo da empresa...".

---

(215) RUARO, Regina Linden, *op. cit.*, p. 237.
(216) *Ibidem*, p. 238.

No estatuto espanhol dos trabalhadores consta regra nos termos em que o contrato de trabalho poderá ser extinto (art. 54.1) "... por decisión del empresario, mediante despido basado en un incumplimiento grave y culpable del trabajador. 2. Se considerarán incumplimientos contractuales: (...) d) La transgresión de la buena fe contractual, así como el abuso de confianza en el desempeño del trabajo.", encaixando-se, aqui, a questão afeta à violação do sigilo profissional — segredo da empresa —, direito incrustado ao de propriedade.

A respeito, em sentença do *TSJ, Cantabria (Sala de lo Social)*, no ano 1996, faz-se alusão à aplicação do contido no art. 54.2, letra *d*, ETT espanhol, no seguinte rumo:

"A) La buena fe es consustancial al contrato de trabajo, en cuanto por su naturaleza sinalagmática genera derechos y deberes recíprocos: el deber de mutua fidelidad entre empresario y trabajador es una exigencia de comportamiento ético jurídicamente protegido y exigible en el ámbito contractual, y la deslealtad implica siempre una conducta totalmente contraria a la que habitualmente ha de observar el trabajador respecto de la empresa como consecuencia del postulado de fidelidad (STS 26 enero 1987, RJ 130, con cita de las de 21 de enero y 22 de mayo 1986, RJ 312 y 2609).

B) La buena fe como moral social, formadora de criterios inspiradores de conductas para el adecuado ejercicio de los derechos y el fiel cumplimiento de los deberes, ha trascendido al ordenamiento jurídico. Así el Título Preliminar del Código Civil precisa que 'los derechos deberán ejercitarse conforme a las reglas de la buena fe' (art. 7.1), pone coto al fraude de ley (art. 6.4) y niega amparo al abuso de derecho o al ejercicio antisocial del mismo (art. 7.2).

También el Estatuto de los Trabajadores la ha incluido en sus preceptos: somete las prestaciones recíprocas de empresarios y trabajadores a sus exigencias (art. 20.2) y faculta, para la extinción del contrato, al empleado si se le modifican las condiciones de trabajo sustancialmente y de tal suerte que se perjudique su formación o se menoscabe su dignidad (art. 50.1, a) y al empleador cuando la conducta de aquél comporte transgresión de la buena fe contractual: S 25 de febrero 1984 (RJ 921), con cita de la de 10 de mayo 1983 (RJ 2365).

C) Es requisito básico que ha de concurrir configurar la deslealtad que el trabajador cometa el acto con plena conciencia de que su conducta afecta al elemento espiritual del contrato, consistiendo dicha deslealtad en la eliminación voluntaria de los valores éticos que deben inspirar al trabajador en el cumplimiento de los deberes básicos que el nexo laboral le impone (Ss. 24 y 25 febrero y 26 septiembre 1984, RJ 918, 921 y 4478). También consiste en usar con exceso del empleado de la confianza que ha recibido de la empresa, en razón del cargo que desempeña, rebasando los límites que el cargo ostentado tiene por su propia naturaleza y ello en provecho propio o en el de un tercero, que no sea, naturalmente, acreedor directo de las prestaciones empresariales [S 25 febrero 1984, con cita de la de 30 enero de 1981 (RJ 570) entre otras].

D) La falta se entiende cometida aunque no se acredite la existencia de lucro personal, ni haber causado daño a la empresa y con independencia de la mayor o menor cuantía de lo defraudado, pues basta para ello el quebrantamiento de los deberes de fidelidad y lealtad implícitos en toda relación laboral [Ss. 26 de mayo de 1986 (RJ 2689) y 26 de enero de 1987 (RJ 130)], porque, como señala la S 30 de octubre de 1989 (RJ 7462) y recuerda la de 26 de febrero de 1991 (RJ 875), el daño o perjuicio patrimonial causado a la empresa es uno de los factores a considerar en la ponderación del requisito de gravedad de la misma, requisito exigible en la aplicación del art. 54.2,d) ETT, por el juego de la interpretación sistemática que obliga a tener en cuenta en esta causa de despido la cláusula general del art. 54.1, pero no es el único elemento a tener en cuenta para establecer el alcance disciplinario del incumplimiento del trabajador, pues pueden jugar otros criterios como la situación objetiva de riesgo creada, la concurrencia de abuso de confianza en el desempeño del trabajo o el efecto pernicioso para la organización productiva ...".[217]

Depreende-se, então, que se o trabalhador, rompendo os princípios de lealdade e de fidelidade, a exemplo de proibida divulgação de informações essenciais, trazendo sérios resultados negativos à sociedade empresária ou assemelhado, pratica ato ensejador à incondicional dispensa, tal qual ocorre no Brasil.

No quesito *fiscalização* do labor desenvolvido pelo trabalhador, há menção no art. 20.3 do Estatuto dos Trabalhadores da Espanha, de forma genérica, faculdades de controle e de vigilância, pelo que o empresário "... podrá adoptar las medidas que estime más oportunas de vigilancia y control para verificar el cumplimiento por el trabajador de sus obligaciones y deberes laborales, guardando en su adopción y aplicación la consideración debida a su dignidad humana y teniendo en cuenta la capacidad real de los trabajadores disminuidos, en su caso".

No direito trabalhista brasileiro há igual formulação genérica a respeito no art. 2º da Consolidação das Leis do Trabalho ao considerar que o empregador, individual ou coletivo, "... assumindo os riscos da atividade econômica, admite, assalaria e dirige a prestação pessoal de serviços".

Então que se consolida argumentação para justificar a fiscalização e o controle dos instrumentos informáticos pelo empregador em virtude do seu direito de propriedade, considerando-se que seus são os meios de produção; no

---

(217) *TSJ Cantabria. (Sala de lo Social). Sentencia 28 agosto 1996.* P.: Sancha Saiz. N. de Recurso: 1189/1996.

poder de direção, que lhe possibilita o controle e a ingerência sobre a atividade negocial; "no fato de que o correio eletrônico não goza de privacidade no ambiente de trabalho, enquanto instrumento ou ferramental laboral; na responsabilidade civil do empregador pelo eventual uso inadequado do e-mail".[218]

"Desde este punto de vista se impone una concepción diferenciada de las facultades de control y vigilancia respecto del poder directivo, fundada en que éstas pueden ir más allá de la prestacíon laboral, incluyendo controles que no recaen sobre ella y que pueden afectar a la esfera privada del trabajador en la parte no referida a sua deuda de trabajo..." Todavia, há que se ponderar que "... la vigilancia y el control no deben extenderse con carácter general a la vida extralaboral del trabajador".[219]

A externar contraponto quando à ingerência do tomador de serviços está corrente doutrinária e jurisprudencial de que o monitoramento das informações eletrônicas é injustificável justamente em respeito ao geral princípio constitucional do respeito à dignidade da pessoa humana, nos direitos de privacidade, no princípio de boa-fé, de maneira que "... eventual prova obtida pelo empregador referente ao uso indevido do correio eletrônico pelo empregado, nessas circunstâncias, seria considerada prova ilícita".[220]

À parte, por ora, a questão da ilegalidade ou não da prova, mister tecer considerações acerca da própria utilização do correio eletrônico durante a prestação laboral em mira as disposições constitucionais em tela.

5.3. Liberdade de expressão & contrato de trabalho

Em qualquer âmbito de atuação, o indivíduo tem e terá sempre a possibilidade de manifestar sua vontade, seus pensamentos, suas ideias, suas aspirações, seus íntimos desejos, e o mais, através da palavra escrita ou verbal, inclusive quando desenvolvendo suas atividades profissionais, pelo menos em sociedades onde vinga efetiva democracia. Nesses misteres, as informações perpassadas através das ferramentas tecnológicas digitais, por assim dizer, pelo trabalhador, ingressam também na órbita da chamada *autodeterminação informática*.

Tal "... se entiende ahora no sólo como el derecho pasivo del trabajador a no sufrir injerencia empresarial en los espacios y tiempos de trabajo puestos a resguardo del poder informático del empleador sino también, y fundamental-

---

(218) RUARO, Regina Linden, *op. cit.*, p. 239.
(219) VILLAZÓN, Luis Antonio Fernández. *Las facultades empresariales de control de la actividad laboral.* Navarra: Thomson Aranzadi, 2003. p. 21.
(220) RUARO, Regina Linden, *op. cit.*, p. 239.

mente, como 'un derecho de control sobre los datos personales' por parte del propio trabajador, planteándose con ello la consagración de un nuevo derecho de la personalidad — restringido al ámbito informático —, que la doctrina judicial y científica ha venido a denominar 'libertad informática'...".[221]

De pronto menciona-se que *liberdade informática* traduz não apenas direitos e obrigações aos que interagem em sociedade através das tecnologias de informação e de comunicação, mas também vantagens diversas inclusive de ordem econômico-financeira. Nas relações contratuais, a utilização das ferramentas tecnológicas possibilita rápida e eficiente comunicação entre os partícipes do empreendimento econômico estando eles no mesmo espaço geográfico ou em outros territórios transnacionais, melhorando cada vez mais a produtividade e a lucratividade em tempo real, considerando a atual forma de intercâmbio negocial global.

Com efeito, via "... Internet o empregado pode tornar-se mais produtivo, uma vez que informações valiosas para o desenvolvimento do trabalho acham-se disponíveis de maneira rápida e fácil. Na Internet efetuam-se transações comerciais, pesquisas, treinamentos, gerenciamento a distância de subsidiárias, troca de informações de todo tipo, fóruns etc..."[222]

O manejo do instrumental informático está tão arraigado nas vidas pessoal e profissional de qualquer empreendedor e da maioria dos trabalhadores que é humanamente impossível ignorá-lo ou postergar o estabelecimento de normatividade a respeito. A onda de permissões e restrições vai sendo, paulatina, pragmaticamente, construída pelos protagonistas sociais; a consideração jurídica pelos doutrinadores e pelo corpo de magistrados com atribuições de explicitar e solucionar casos concretos, nada obstante a ainda incipiente compilação legal, é vista em inúmeros artigos doutrinários e em decisões judiciais.

Assim como o uso da *internet*, do correio eletrônico, particular do trabalhador ou de propriedade do tomador de serviços, no meio comercial traz múltiplos benefícios, exsurgem os conhecidos malefícios decorrentes do seu inadequado emprego pelos trabalhadores quando em serviço, por exemplo. "São casos que envolvem acesso a sites pornográficos, envio de mensagens ofensivas, humorísticas ou pornográficas a terceiros ou a outros funcionários, queda da produtividade por uso da rede para tratar de assuntos não relacionados ao trabalho etc."[223]

Freios e contrapesos sem dúvida são necessários na relação de trabalho para se evitar excessos e mesmo abusos tanto pelo trabalhador como pelo de-

---
(221) ALONSO, Inmaculada Marín, *op. cit.*, p. 36.
(222) SILVEIRA NETO, Antônio; PAIVA, Mário Antônio Lobato de. *A privacidade do trabalhador no meio informático.* Disponível em: <http://jus2.uol.com.br/doutrina/texto.asp?id=4292> Acesso em: 27 jun. 2009.
(223) Idem.

tentor da atividade negocial. Imprescindível sim disponibilizar equipamentos de informática com acessibilidade à *internet* e com real possibilidade de envio de mensagens eletrônicas, seja por meio de *e-mail* privado, seja por concessão da empresa, ou assemelhado, a título gratuito.

Então que o trabalhador, no exercício de suas funções, utilize os recursos informáticos colocados à disposição pela empresa sem objetivos particulares, sob pena de quebra de produtividade, desperdício de tempo, além de acarretar congestionamento do fluxo de informações na rede, diminuindo até mesmo a velocidade com que as mesmas encontrem o efetivo destinatário.

"Assim, com fundamento no poder diretivo do empregador (art. 2º, CLT) é possível vedar a utilização da Internet para atividades improdutivas, isto é, que não se relacionem com os objetivos da empresa."[224] Tal faculdade concede ao tomador de serviços o direito de fiscalizar a operacionalização do trabalho mediante o uso do equipamento de trabalho pelo contratado. Neste formatado quadro, evidente a inclusão especialmente do correio eletrônico particular quando acionado em serviço.

Na mesma linha quanto à averiguação dos *cliques* em geral, efetuados pelos funcionários enquanto navegantes da *internet* durante o expediente normal de serviço. Aqui também a ostensiva e legal ingerência do empreendedor nas atividades por eles desenvolvidas não resulta na invasiva penetração de sua privacidade ou quebra de sigilo das comunicações.

"Logo, o simples acompanhamento dos passos do trabalhador na *Internet* não afeta a sua privacidade ou reduz a sua liberdade, pois não há interceptação de comunicação pessoal, mas acompanhamento das ações do trabalhador. Isto já é admitido no mundo real através da instalação de câmeras de vídeo nos locais de trabalho. Desta forma, poderemos considerar o monitoramento digital como uma extensão do monitoramento por câmeras, sendo tal conduta permitida, se exercida com razoabilidade e dentro dos limites do poder de fiscalização próprio do empregador."[225]

Loffredo menciona que, na Itália, através do Decreto legislativo n. 196, de 30 de junho de 2003, lançou-se genérica norma de princípios referenciando explicitamente ao art. 4º "... del Statuto dei lavoratori, el cual prohíbe cualquier control a distancia de la prestación laboral llevado a cabo sin un prévio acuerdo con los representantes de los trabajadores". Ressalta, ainda, que, uma vez que o Estatuto dos Trabalhadores foi aprovado ainda em 1970, cada vez são maiores as dificuldades na sua adaptação "... a las exigencias de tutela reclamadas por la introducción de las nuevas tecnologías. El problema es más o menos el de siempre: cuál es el objeto legítimo del poder de control y cuáles son sus límites".[226]

---

(224) *Idem.*
(225) *Idem.*
(226) LOFFREDO, Antonio, *op. cit.*, p. 173.

Aqui também por falta de adequada regulamentação entram em jogo princípios gerais para limitação do poder de controle empresarial na utilização do correio eletrônico, a saber: "... la inviolabidad de la correspondencia y de cualquier otra forma de comunicación que el artículo 15 de la Constitución italiana sanciona;(...) el ejercicio del poder de control puede realizarse a través de medidas materiales o personales, en todo caso extrañas al instrumento empleado para la ejecución de la prestación, como el ordenador; (...) el control sobre el desarrollo de la prestación de trabajo tiene que ser conocido por el trabajador".[227]

Mas de maior relevância na questão do monitoramento das ações positivas ou negativas do trabalhador respeita ao *conteúdo* das cartas enviadas eletronicamente. Na hipótese italiana, tanto a jurisprudência (inclusive no espaço constitucional), quanto a negociação coletiva "... han previsto expresamente que el poder de control del empresario sobre el correio electrónico de los trabajadores no pueda extenderse a su contenido...".[228]

Incontestável é que, em razão da própria *arquitetura* do sistema informático, não se tem como evitar a violação de diversos preceitos constitucionais, mormente dos que tratam dos direitos de personalidade, jungidos aos de privacidade.

Com efeito, "... las nuevas tecnologías encierran en sí mismas la potencialidad de violar estos derechos constitucionales ante la falta de instrumentos, no sólo jurídicos sino también técnicos, para controlar quién y cómo se ejerce el poder de control. En muchos casos, de hecho, los servidores de la redes controlan previamente los correos electrónicos en la entrada y en la salida sin que ni siquiera se sepa que tal control se produce".[229]

E, por enquanto, efetivamente não se têm regras legais ou de qualquer outra índole, com força vinculante, para ordenar ou mesmo controlar determinada forma de ação dos proprietários ou dos que manipulam a arquitetura do sistema informático, que acabam por criar e submeter os usuários as suas próprias ideias e regras.

Na mesma linha, "... hace falta un eficaz sistema de tutela con normas vinculantes que regulen de forma clara el uso de las informaciones personales del trabajador por parte del empresario y las condiciones en las que el poder de control se puede ejercer".[230]

Segundo consta da proposição de lei sobre o uso do correio eletrônico na empresa, a interpretação que se faz do art. 18.3[231] da Constituição da Espanha,

---

(227) *Ibidem*, p. 173-174.
(228) *Ibidem*, p. 174.
(229) *Idem*.
(230) *Idem*.
(231) *"Se garantiza el secreto de las comunicaciones y, en especial, de las postales, telegráficas y telefónicas, salvo resolución judicial."*

dos Tribunais inferiores, e do estudo da normatividade em geral daquele Estado, "... resulta patente que el correo electrónico es un medio de comunicación amparado por el derecho fundamental al secreto en las comunicaciones por tratarse de un canal cerrado. É que genera claras expectativas de secreto, ya que para acceder al mensaje se precisan una serie de acciones conscientes dirigidas a su apertura (por el destinatario) o interceptación (por terceros)".

Assim também caminha a comunidade jurídica brasileira, como visto em linhas precedentes. Todavia, entre a teoria e a prática, esta está muito distante de efetiva concreção, em qualquer ambiente onde a tecnologia digital se faz presente.

Com efeito, é cediço que a correspondência eletrônica é passível sofrer indesejada intromissão por terceiros, mormente por gerenciador do provedor que dá sustento ao trânsito de mensagens.

Também se sabe perfeitamente que a própria linha telefônica pode ser *grampeada* e assim o acesso à mensagem verbal pode ser interceptada. Em sendo o aparelho telefônico e respectiva linha da empresa, evidente que "... seu uso deve ser direcionado aos propósitos do negócios e também não há um só jurista que conteste a ilicitude da utilização de escutas telefônicas, sem autorização judicial, nas empresas para tomar conhecimento das conversas dos empregados. O fato é que o direito de propriedade deve ceder à garantia da privacidade das comunicações que, embora não absoluta, (em princípio) só pode ser relativizada por meio de ordem judicial".[232]

Justo é que, na esteira do princípio da proporcionalidade, o empreendedor não poderá invocar seus direitos de propriedade e de direção em face do prestador de serviços para adentrar no conteúdo das mensagens nem este último manejar o instrumental digital por conta de assuntos que escapam da seara laboral.

"Daí a necessidade da interpretação responsável e coerente resguardando o poder diretivo do empregador para comandar a empresa sem que implique em lesão ao direito do empregado de acessar os serviços eletrônicos"[233], importando, preferencialmente, o estabelecimento de regras de procedimento na utilização do correio eletrônico, inclusive do de propriedade do trabalhador.

Poderia se afirmar que somente em casos excepcionais admite-se um sistemático controle dos conteúdos das mensagens. Nessa linha, é necessário ponderar se a "... naturaleza de la empresa requiere el control o conservación de los mensajes de correo electrónico. En segundo lugar es fundamental mantener

---

(232) SILVEIRA NETO, Antônio, *op. cit.*
(233) PAIVA, Mário Antônio Lobato de, *op. cit.*

informados a los empleados de la política que va a adoptar la empresa, y de cómo se va a llevar a cabo el control del correo electrónico. Finalmente, debe ponerse a disposición de los trabajadores otros medios de comunicación que sean limpios, es decir, que no van a ser interceptados por la empresa".[234]

De outra parte, sem se adentrar no conteúdo propriamente das mensagens, pode a sociedade empresária "... se valer de programas que impedem o envio de mensagem para endereços não cadastrados, rastrear, de maneira impessoal palavras ofensivas nas mensagens, desde que previamente comunicado, além de impedir o encaminhamento de imagens não relacionadas com o trabalho, proibindo, por meio de código de conduta, o envio de imagens ou arquivos anexados ao *e-mail*". Importante, acima de tudo, é que a caracterização do direito de "... privacidade da comunicação é a sua emissão a destinatário ou destinatários certos, com a intenção de não divulgação para terceiros, e isso acontece com o e-mail".[235]

Resumidamente, pode-se dizer que, para que a análise do conteúdo das mensagens eletrônicas do trabalhador não extrapole a normalidade e a legalidade, "... deverá existir uma comunicação prévia do afetado para essa vasculha; (...) haverá de contar com a presença de um representante sindical, que tutele os direitos do trabalhador controlando as garantias de transparência; (...) procedimento que busque o nexo causal e a proporcionalidade entre a prática abusiva e a sanção aplicável ao fato".[236]

Quando há necessidade de manutenção de segredo, no que tange à vigilância e monitoramento do trabalhador e respectivo correio eletrônico para se descobrir determinadas condutas irregulares, entende-se pela permissividade na invasão da íntima privacidade.

Então que se adentra na questão envolvendo coleta de provas, que, na legislação nacional do Brasil, há apoio em diversas regras mescladas em vigor, na própria doutrina e também na jurisprudência.

5.4. A prova decorrente do manejo do instrumento eletrônico

Assim como no Brasil, em diversas hipóteses, também na Espanha a interceptação ilegal da comunicação em geral pode ensejar diversas respostas defensivas pelo trabalhador, amparado especialmente em regras constitucionais, desde seu vértice, até a base da pirâmide, em nível ordinário, por normas de índoles civil — proteção à hora, à intimidade, à própria imagem —, trabalho, penal, etc. Há, também, particularidades na esfera procedimental no que respeita à prova.

---

(234) Projeto de lei sobre uso de correio eletrônico na Espanha, datado de 2001.
(235) SILVEIRA NETO, Antônio, *op. cit.*
(236) PAIVA, Mário Antônio Lobato de, *op. cit.*.

Em nível penal, o delito de interceptação ilegal de comunicação ou de violação de segredo é tratado no art. 199 do Código Penal da Espanha[237]. No Código Penal do Brasil, por sua vez, há referências em diversos artigos sobre violação de correspondência ou de segredo empresarial[238].

Na Espanha, todas as ações defensivas do trabalhador em face das interceptações ilegais das comunicações pela empresa têm sido respaldadas pelos respectivos tribunais. No Brasil, decisão proferida por ministros integrantes da Primeira Turma do Tribunal Superior do Trabalho reconheceu ao empregador o direito de obter provas para justa causa com o rastreamento do e-mail coorporativo de trabalho do empregado, sem que importasse em violação à intimidade ou à privacidade, e que o meio de prova a respeito é perfeitamente lícito.

---

(237) "1. El que revelare secretos ajenos, de los que tenga conocimiento por razón de su oficio o sus relaciones laborales, será castigado con la pena de prisión de uno a tres años y multa de seis a doce meses. 2. El profesional que, con incumplimiento de su obligación de sigilo o reserva, divulgue los secretos de otra persona, será castigado con la pena de prisión de uno a cuatro años, multa de doce a veinticuatro meses e inhabilitación especial para dicha profesión por tiempo de dos a seis años."
(238) "Art. 151 — Devassar indevidamente o conteúdo de correspondência fechada, dirigida a outrem:
Pena — detenção, de 1 (um) a 6 (seis) meses, ou multa.
§ 1º — Na mesma pena incorre:
I — quem se apossa indevidamente de correspondência alheia, embora não fechada e, no todo ou em parte, a sonega ou destrói;
II — quem indevidamente divulga, transmite a outrem ou utiliza abusivamente comunicação telegráfica ou radioelétrica dirigida a terceiro, ou conversação telefônica entre outras pessoas;
III — quem impede a comunicação ou a conversação referidas no número anterior;
IV — quem instala ou utiliza estação ou aparelho radioelétrico, sem observância de disposição legal.
§ 2º — As penas aumentam-se de metade, se há dano para outrem.
§ 3º — Se o agente comete o crime, com abuso de função em serviço postal, telegráfico, radioelétrico ou telefônico:
Pena — detenção, de 1 (um) a 3 (três) anos.
§ 4º — Somente se procede mediante representação, salvo nos casos do § 1º, IV, e do § 3º.
Art. 152 — Abusar da condição de sócio ou empregado de estabelecimento comercial ou industrial para, no todo ou em parte, desviar, sonegar, subtrair ou suprimir correspondência, ou revelar a estranho seu conteúdo:
Pena — detenção, de 3 (três) meses a 2 (dois) anos.
Parágrafo único — Somente se procede mediante representação.
Art. 153 — Divulgar alguém, sem justa causa, conteúdo de documento particular ou de correspondência confidencial, de que é destinatário ou detentor, e cuja divulgação possa produzir dano a outrem:
Pena — detenção, de 1 (um) a 6 (seis) meses, ou multa.
§ 1º A — Divulgar, sem justa causa, informações sigilosas ou reservadas, assim definidas em lei, contidas ou não nos sistemas de informações ou banco de dados da Administração Pública:
Pena — detenção, de 1 (um) a 4 (quatro) anos, e multa.
§ 1º — Somente se procede mediante representação.
§ 2º — Quando resultar prejuízo para Administração Pública, a ação penal será incondicionada.
Art. 154 — Revelar alguém, sem justa causa, segredo, de que tem ciência em razão de função, ministério, ofício ou profissão, e cuja revelação possa produzir dano a outrem:
Pena — detenção, de 3 (três) meses a 1 (um) ano, ou multa.
Parágrafo único — Somente se procede mediante representação."

Consta no aresto que o empreendedor "... pode exercer, 'de forma moderada, generalizada e impessoal', o controle sobre as mensagens enviadas e recebidas pela caixa de e-mail por ele fornecida, estritamente com a finalidade de evitar abusos, na medida em que estes podem vir a causar prejuízos à empresa...".

Por ser instrumento de trabalho, a utilização não pode ter outro destino que não executar a atividade profissional. Assim, na esteira do caso concreto em comento, "... o envio de fotos pornográficas, por meio do computador e provedor também fornecidos pela empresa..." pode causar danos ao empregador, justificando, assim, a pena demissão por justa causa levada a efeito, considerando "... lícita a prova obtida com a investigação feita no e-mail do empregado e no próprio provedor".

Nessa linha, "... a empresa poderia rastrear todos os endereços eletrônicos, 'porque não haveria qualquer intimidade a ser preservada, posto que o e-mail não poderia ser utilizado para fins particulares', e que 'os postulados da lealdade e da boa-fé, informativos da teoria geral dos contratos, inibiriam qualquer raciocínio favorável à utilização dos equipamentos do empregador para fins moralmente censuráveis', ainda que no contrato de trabalho houvesse omissão sobre restrições ao uso do e-mail".

Consta do julgado, ainda, "... que a senha pessoal fornecida pela empresa ao empregado para o acesso de sua caixa de e-mail 'não é uma forma de proteção para evitar que o empregador tenha acesso ao conteúdo das mensagens'", e sim para a proteção do "... próprio empregador para evitar que terceiros tenham acesso às informações da empresa, muitas vezes confidenciais, trocadas pelo correio eletrônico...".

Outrossim, ressaltou-se, na decisão, "... que os direitos do cidadão à privacidade e ao sigilo de correspondência, constitucionalmente assegurados, dizem respeito apenas à comunicação estritamente pessoal..." e que o *e-mail* empresarial "... é cedido ao empregado e por se tratar de propriedade do empregador a ele é permitido exercer controle tanto formal como material (conteúdo) das mensagens que trafegam pelo seu sistema de informática".[239]

No aspecto processual propriamente dito, "... para a plena validade probatória do documento, é preciso que ele possua a capacidade de armazenar informações de forma que impeça ou permita detectar eliminação ou adulteração de conteúdo".[240]

Consta do art. 2º, I, do Projeto de Lei n. 4.906/2001, especificação acerca de documento eletrônico propriamente dito, sendo "a informação gerada,

---
[239] AIRR 613/2000-013-10-00.7. Rel. Ministro João Oreste Dalazen. DJ 10.06.2005.
[240] SOUZA, Carlos Affonso Pereira de. Contratos eletrônicos e responsabilidade civil dos provedores. In: LEMOS, Ronaldo (Coord.). *Curso de direito eletrônico*. Rio de Janeiro: FGV, 2008. p. 91.

enviada, recebida, armazenada ou comunicada por meios eletrônicos, ópticos, opto-eletrônicos ou similares". Ou, dizendo, "... o documento eletrônico pode ser entendido como aquele que possui, como meio físico, um suporte eletrônico (disquete, DVD, CD-ROM, etc.)".[241]

No mais, especialmente na seara do trabalho, a informalidade na contratação e todas as circunstâncias que lhe dizem respeito, mormente as que dizem respeito à execução do contrato de trabalho, não se diluem em tempos digitais, tal qual princípio liberal de manifestação da vontade estatuído no art. 107 do Código Civil brasileiro[242]. A própria Consolidação das Leis do Trabalho (CLT) brasileira traz em seu bojo regras jurídicas permissivas para a ausência de expressa forma e plena liberdade para estipulações de disposições contratuais acerca do trabalho subordinado, observando-se, por evidente, a disciplina jurídica básica (arts. 442, *caput*[243], e 443, *caput*[244], e art. 444[245]).

Na generalidade, importante sim para a solução dos litígios é que o conteúdo inserto nos documentos eletrônicos seja válido como subsídio probatório. O art. 212 do Código Civil brasileiro dá a dimensão no quesito *meio de prova*, sem imposição de determinada forma, podendo ser via confissão, documento, testemunha, presunção e/ou perícia.

Por certo que "... o documento deverá estar sujeito ao implemento de uma forma de proteção de sua autoria e conteúdo, pois, somente assim, poder-se-á afirmar, com certeza, quem o produziu e a exatidão de seus termos".[246] diante de sua inerente *fragilidade* concretude.

E, ainda, lembrando que, na esteira do art. 332 da codificação processual civil do Brasil, "todos os meios legais, bem como os moralmente legítimos, ainda que não especificados neste Código, são hábeis para provar a verdade dos fatos, em que se funda a ação ou a defesa", neles inclusos, em especial, os documentos de natureza *eletrônica*.

O maior empeço quanto à validade da prova do documento eletrônico respeita à certeza da autoria e à veracidade do conteúdo, o que normalmente não se concretizam, de forma robusta, no simples envio de mensagens eletrônicas.

---

(241) *Idem*.
(242) "A validade da declaração de vontade não dependerá de forma especial, senão quando a lei expressamente a exigir."
(243) "Contrato individual de trabalho é o acordo tácito ou expresso, correspondente à relação de emprego."
(244) "O contrato individual de trabalho poderá ser acordado tácita ou expressamente, verbalmente ou por escrito e por prazo determinado ou indeterminado."
(245) As relações contratuais de trabalho podem ser objeto de livre estipulação das partes interessadas em tudo quanto não contravenha às disposições de proteção ao trabalho, aos contratos coletivos que lhes sejam aplicáveis e às decisões das autoridades competentes.
(246) SOUZA, Carlos Affonso Pereira de, *op. cit.*, p. 93.

"A mensagem proveniente de correio eletrônico, não raramente, é enviada sem que sobre a mesma incida qualquer forma de proteção específica. O usuário, na maior parte das vezes, apenas escolhe o destinatário, elabora o conteúdo e envia a mensagem, sem que se tome qualquer precaução sobre o resguardo da autenticidade ou integridade do conteúdo."[247] Como mencionado alhures, a mensagem eletrônica é passível de interceptação, alteração ou violação a caminho do destinatário. Consequentemente, a questão de sua utilização como meio hábil de prova fica mais complexa.

"Como mecanismos desenvolvidos para garantir a inalterabilidade dos registros e a identificação do emitente figuram a certificação digital e a assinatura digital, realizados através do sistema de criptografia, que transformam o conteúdo da informação transmitida em uma mensagem cifrada, que apenas é compreensível pelos interessados. No entanto, a total segurança desses meios ainda não está comprovada", assegura *Rezende*, citando *Julio César Bebber*.[248]

O emblemático problema do item *segurança* pode ser minimizado, segundo *Souza*, "... quando se utiliza o sistema de criptografia assimétrica. Esse sistema é baseado na existência de duas chaves, uma pública e uma privada, matematicamente correspondentes, possuindo tanto o remetente, como o destinatário, um par de chaves contento uma chave pública e uma privada, respectivamente. As chaves são, na verdade, dois códigos de computador que se relacionam de modo que uma desfaz o que a outra faz", pelo que, em suma, somente o destinatário possuidor da chave privada poderá efetuar a conversão do código em informação inteligível, com o que se garante a integridade da mensagem. No aspecto preservação da autenticidade, também está sanada a questão, considerando que apenas o remetente da mensagem possui o código de sua privada chave.[249]

Sem sombra de dúvida, que, com observância do sistema de proteção nos quesitos integridade e autenticidade da mensagem eletrônica, a mesma é passível sim e consistente para prova de fatos, e o mais, em juízo, mormente no que concerne à do contrato de trabalho virtual e seus desdobramentos, segundo a própria legislação brasileira, e de acordo, também, com as próprias construções doutrinária e jurisprudencial.

Efetivamente, assim, mesmo "... o teletrabalhador (e mesmo o *real* trabalhador) terá todo o rol de garantias previsto pela legislação trabalhista para o regime de emprego, fazendo jus a todos os direitos previstos na Consolidação, na legislação extravagante e nas normas coletivas de sua respectiva categoria".[250]

---

(247) *Idem.*
(248) REZENDE, Roberto Vieira de Almeida, *op. cit.*, p. 189.
(249) SOUZA, Carlos Affonso Pereira de, *op. cit.*, p. 95-96.
(250) REZENDE, Roberto Vieira de Almeida, *op. cit.*, p. 191.

Em resumo, em matéria de prova, seja para as próprias condições contratuais, seja para o manejo em juízo, em face da epidêmica disseminação da utilização dos meios eletrônicos para a execução do trabalho propriamente e mesmo para a indevida prática pessoal de troca de informações pelo empregado no horário de expediente sob a mira empresarial, não se encontram, até o momento, específicos contornos expressos na lei, em especial destinados à forma de controle humano sobre o uso do correio eletrônico via respectivo instrumental informático, exceto a adaptável legislação em vigor em seus diversos segmentos.

Acerca desta fundamental questão, *Loffredo* apresenta três princípios, de invocação, aplicável em escala global, diga-se, em que vinga o estado democrático de direito: a) a inviolabilidade da correspondência e de qualquer outra forma de comunicação, na esteira de preceitos constitucionais; b) "... el ejercicio del poder de control puede realizarse a través de medidas materiales o personales, en todo caso extrañas al instrumento empleado para la ejecución de la prestación, como es el ordenador;..." ; c) em terceiro, a regra "... según la cual el control sobre el desarrollo de la prestación de trabajo tiene que ser conocido por el trabajador".[251]

Todavia, mesmo com postulados de índole universal vigentes em países que, em princípio, são democráticos, "... las nuevas tecnologías encierran en sí mismas la potencialidad de violar estos derechos constitucionales ante la falta de instrumentos, no sólo jurídicos sino también técnicos, para controlar quién y cómo se ejerce el poder de control".[252]

Como ressaltado em linhas pretéritas, os provedores da *internet*, e da rede eletrônica em geral, detêm o poder total de controle sobre o canal corrente de informações, e o fazem também relativamente aos correios eletrônicos, de forma prévia e premeditada, "... tanto en la entrada y en la salida sin que ni siquiera se sepa que tal control se produce."[253]

Incontroverso, como dito, o fato de que, na questão em foco, "... hace falta un eficaz sistema de tutela con normas vinculantes que regulen de forma clara el uso de las informaciones personales del trabajador por parte del empresario y las condiciones en las que el poder de control se puede ejercer."[254]

Então que é imprescindível a participação das agremiações coletivas, "... y sobre todo por los comités de empresa, en su actividad de concreción de las reglas y de constante adecuación a las innovaciones tecnológicas, que exigen respuestas inmediatas que el legislador no ofrece"[255], formatando o inexistente e imprescindível direito eletrônico derivado da tecnologia.

---

(251) LOFFREDO, Antonio, *op. cit.*, p. 173-174.
(252) *Ibidem*, p. 174.
(253) *Idem*.
(254) *Idem*.
(255) *Idem*.

5.5. Coletiva normatividade eletrônica

A intenção não é a supressão das normas legais em vigor, mas apenas especificar o conteúdo à nova realidade *eletrônica* que se apresenta no século XXI, sobretudo por meio da autocomposição de interesses coletivos e, por via reflexa, apaziguar os conturbados conflitos individuais decorrentes das relações contratuais.

O princípio básico da produção autônoma de normas coletivas é o da *proteção da confiança*, a ser observado pelos negociadores, mormente os partícipes de agremiações sindicais, jungido ao desprendimento em relação a interesses outros que não aos do grupo de trabalhadores enquanto integrantes da categoria profissional.

Tais condições induzem "... o desenvolvimento do espírito de transação, alicerçado no princípio da boa-fé e do dever formal de negociar, em sintonia com o dever de informação por parte da empresa, para se observar o dever de adequação, por parte dos empregados".[256] A negociação coletiva que se tem em mira não se restringe aos empregados que possuem representativas entidades sindicais devidamente formalizadas, mas também aos trabalhadores em geral que trabalham de forma autônoma, aos integrantes de categoria diferenciada, a específico corpo de profissionais que atuam em determinada empresa e mesmo por específica obra ou tarefa.

Evidente, assim, que, harmonizando interesses diversos, agregados aos princípios dantes explanados aos demais que regem a prestação de serviços, "... torna-se possível efetivar a Democracia Participativa", no âmbito da empresa, mediante a celebração de acordos coletivos de trabalho, plenamente válidos e eficazes"[257], bem como convênios coletivos em níveis nacional e transnacional, ou outras cartas de intenção — códigos de conduta —, abordando, neles, as questões jurídicas olvidadas ou postergadas principalmente pelo legislador, a exemplo das relacionadas com o *direito dito eletrônico* e à inserção a este meio permeado pela tecnologia aos que estão dele excluídos.

Posto que foi preteritamente mencionado, as nuanças contratuais têm por foco a finalidade social, na esteira do disposto no art. 421 do Código Civil brasileiro — "a liberdade de contratar será exercida em razão e nos limites da função social do contrato", e na regra legal de que "os contratantes são obrigados a guardar, assim na conclusão do contrato, como em sua execução, os princípios de probidade e boa-fé". (art. 422, Código Civil)

Nessa linha, o certo é que, em atenção à função social do contrato, modela-se a forma de pactuação contemporânea, partindo da premissa de que, além

---

(256) GOMES, Dinaura Godinho Pimentel, *op. cit.*, p. 189.
(257) *Idem.*

de desenvolver a atribuição de regrar a passagem circulatória das riquezas entre os pactuantes, também realize um papel social atinente à dignidade da pessoa humana e à redução das desigualdades culturais e materiais, segundo os valores e princípios civilistas e constitucionais, inclusive o atinente à livre-iniciativa.

"Impõe aos atores sociais a obrigação de negociar de boa-fé, para procederem com lealdade, em todas as fases do procedimento de negociação. Decorre daí que, em esforço mútuo e recíproco, vislumbra-se uma situação de equilíbrio econômico e de harmonia social, com a justa melhoria das condições de vida e de trabalho dos empregados de modo compatível com a capacidade econômica e produtividade da empresa."[258]

Lembrando que a negociação estabelecida entre o prestador de trabalho e o respectivo tomador de serviço, embora muitas vezes sem a participação de entes coletivos ou de outros personagens, tem também índole pública em modernos e atuais tempos, até porque costumeiramente decisões judiciais primeiras em nível interpartes irradiam efeitos *erga omnes*. Na hipótese, o regramento processual civil do Brasil alinha que independem de prova os notórios fatos (art. 334, I, Código de Processo Civil). Desta forma, a repetição contínua dos fatos em processos judiciais torna prescindível novos subsídios probatórios a respeito.

Então que a estipulação contratual diretamente entre trabalhador e empreendedor possui sim força cogente, e assim "el uso de internet y de otros medios modernos de comunicación puede quedar fijado en nel contrato individual".[259] Pelo menos no que respeita a cláusulas contratuais básicas que contenham, por exemplo, proibição de uso do e-mail corporativo para fins eminentemente particulares, resultando prejuízo ao contratante, como queda de produtividade, repasse de informações sigilosas ou com conteúdo repreensível dentro dos padrões normais estabelecidos em determinado grupo social, ou que produzam ofensas pessoais ou a terceiros de boa-fé, bem como vedação de intromissão patronal em correspondências de índole eminentemente privada, em atenção aos preceitos constitucionais que pregam o direito à intimidade e ao segredo de comunicação.

Também na senda de aresto emitido pelo Tribunal do Trabalho de Frankfurt, no ano 2000, no sentido de que "... la utilización de internet por parte de los trabajadores es un 'fenómeno social típico' que el empresario puede controlar si lo estima necesario. Si no hay una prohibición expresa del uso de internet, el trabajador no debe contar con la consecuencia de que puede ser sancionado por hacer uso privado de tales medios"[260], é que se pode direcionar a regra da limitação do uso do correio eletrônico, de forma expressa, mesmo no limitado campo do contrato individual do trabalho.

---

(258) *Ibidem*, p. 190.
(259) ZACHERT, Ulrich. Los principales problemas planteados en el trabajo con las tecnologías de la información y la comunicación: la experiencia alemana. In: *Revista de Derecho Social Latinoamérica*, Buenos Aires: Bomarzo, n. 1, p. 177, 2006.
(260) *Idem*.

Mais agressivamente no campo das possibilidades do manejo do e-mail pelo trabalhador seria obter a conivência dos nominados Comitês de Empresa, a exemplo do direito alemão, com permissivo legal para que "... estos órganos, cuando se trata de la introducción y utilización de técnicas de control de los trabajadores, tienen un derecho de participación".(261)

Zachert alinhava que, através da representação na empresa, tem ocorrido diversos acordos a respeito da utilização do sistema de informação e de comunicação, tendo por principal foco o manejo do e-mail, normalmente com conteúdo proibitivo, contendo alguns permissivos, como a autorização para uso privado da *internet* fora do expediente normal de trabalho.

"Un ejemplo interesante es el acuerdo de una empresa de la industria de aceite mineral, la cual ha creado un ciber café, que puede ser utilizado por los trabajadores durante la jornada de trabajo."(262)

Efetivamente não é no campo da obscura vedação que se fará efetivo controle da utilização do canal de comunicação informático em face do trabalhador. Ao revés, contempla-se o cumprimento de regras matrizes mediante prévias e expressas liberdades com respeito às do próximo, condicionantes necessários para excluir excessos ou evitar abusos das mais variadas tipologias.

Em linhas gerais, a disciplina para o uso da ferramenta digital pode ter por norte "... as seguintes diretrizes: declaração de que a rede computacional é de propriedade da empresa; alerta sobre o procedimento de monitoramento e interceptação do correio eletrônico; declaração de que a correspondência eletrônica pode não ser apagável; proibição da transmissão de declarações sexualmente ofensivas, agressivas ou difamatórias; proibição de cópia, distribuição ou impressão de material protegido por direitos autorais; proibição do uso da rede para atividades não relacionadas com a firma, assim como atividades ilegais, etc."(263); boa-fé contratual; princípio da confiança e recíproco respeito, mormente no campo da intimidade e do segredo de comunicações.

Enfim, como bem salienta *Carrasco*, a problemática que cerca o tema em questão decorre do irregular ou ilegal manejo do instrumental informático, em nível singular, servido pelo proprietário, normalmente empreendedor, cujo objetivo primordial foi a consecução de tarefas logrando melhora da produtividade, mesclados aos quesitos rapidez e eficiência, resultando evidente vantagem competitiva. No âmbito público, a ausência de regulamentação jurídica "... sin perjuicio de la valoración que merezca, constituye, sin duda, un factor

---

(261) *Idem*.
(262) *Idem*.
(263) RUARO, Regina Linden *apud* PAIVA, Mário Antônio Lobato de, *op. cit.*, p. 241-242.

que acentúa el caráter decisivo de la regulación convencional y, desde el punto de vista analítico, refuerza el interés por el estudio de las soluciones contempladas en los convenios".[264]

Evidente que se houvesse específica legislação que proporcionasse solução a conflitos que se encontram em estado de hibernação ou com efetivo potencial de eclosão, a pactuação coletiva (acordo ou convenção coletiva) teria função de complementação, aparando arestos e equacionando interesses secundários, enfim, "... ofrecer una respuesta satisfactoria a las exigencias de ordenación jurídicas planteadas por esta nueva realidad social".[265]

Em face da maleabilidade quanto ao tratamento normativo coletivo, evidente que a adaptação das regras ao específico caso vivenciado no seio de cada empresa é factível, proporcionando, assim, um quadro completo das reais possibilidades e impossibilidades de ações por parte dos partícipes das relações contratuais, tanto em nível individual como coletivo. Além disso, "... aparecería completado con las oportunas restricciones de uso (...) y, en última instancia, con la tipificación, en el régimen disciplinario de la norma colectiva, de los eventuales incumplimientos y su correspondiente tipificación jurídica como faltas laborales de diferente graduación"[266], e respectivas penalidades, graduadas proporcionalmente à gravidade da falta — princípio da proporcionalidade.

Nessa linha, evidente que a ideal negociação coletiva que se tem em mente é a que se produz em nível de empresa, sem se descartar, evidentemente, a de nível superior, entre sindicatos, nacional ou supranacional, e mesmo as chamadas cartas de intenções e os em voga códigos de conduta iterativamente utilizados por diferentes nações, hospedeiras de empresas que atuam em diversificados países.

Duas vertentes abrem-se para a normatização coletiva concernente ao uso das tecnologias de informação e de comunicação nas sociedades empresárias ou assemelhadas. A primeira regula a forma de utilização individual das ferramentas tecnológicas, conjugando "... los dintintos intereses y derechos en juego y, en consecuencia, tendrán por objeto el establecimiento de límites tanto en la utilización de tales herramientas por los trabajadores, como en las facultades de control y, eventualmente, disciplinarias, que pueden ejercerse por el empresario". A segunda, referente ao "... derecho de los representantes de los trabajadores (unitarios o sindicales) a acceder a las TIC [tecnologia de informação e de comunicação] como mecanismos o facilidades para el desarrolo de sus funciones representativas o la puesta en práctica de las diversas fórmulas de acción sindical en las empresas".[267]

---

(264) CARRASCO, Manuel Correa. La proyección de las nuevas tecnologías en la dinámica (individual y colectiva) de las relaciones laborales en la empresa: su tratamiento en la negociación colectiva. In: *Revista de Derecho Social*, Albacete: Bomarzo, n. 31, p. 43-44, jul./sep. 2005.
(265) *Ibidem*, p. 46.
(266) *Idem*.
(267) *Ibidem*, p. 49.

Disposições outras são passíveis de estabelecimento através dos convênios coletivos, em caráter excepcional, acerca, por exemplo, da utilização do e-mail em casos de extrema urgência; em determinado tempo regulamentar, dentro ou fora da empresa; acesso ao correio eletrônico corporativo da própria residência do trabalhador, sem vinculação do nome ou marca da empresa; estabelecimento de e-mail para fins pessoal e profissional. Tudo em conta os direitos básicos de liberdade e de intimidade inerentes à pessoa do trabalhador e ao bom nome da sociedade empresária enquanto produtora de bens e serviços, bem como para apaziguamento dos exaltados ânimos e desânimos dos contendores.[268]

No mais, há que se ter presente que a utilização das ferramentas tecnológicas em substituição às comunicações pela via escrita é evento concreto na atualidade. No mesmo rumo quanto ao envio de petições e documentos, e mesmo formação de processos eletrônicos, sejam eles de índole administrativa ou judiciária, que requerem veracidade e correspondência ao real.

Todavia, são raros "... los convenios colectivos que apuesten con claridad por la utilización del correo electrónico como sistema de comunicación ordinario entre la empresa y los trabajadores e, en consecuencia, establezcan una ordenación de dicho uso".[269] As previsões a respeito se referem, segundo *Carrasco*, a solicitações, reclamações ou petições de diversas naturezas dirigidas à direção empresarial ou órgãos afins, além de outras tipologias envolvendo questões contratuais a exemplo de férias, afastamentos, sanções, viagens, sanções disciplinares, etc. Ainda é comum, de fato, o envio paralelo de documento concreto escrito (papel) para a certeza da realização do ato, ante a falta de manejo de forma generalizada e a própria desconfiança gerada da avassaladora novidade tecnológica.

Interessante previsão coletiva respeita à varredura da memória do computador dos dados secretos e privados compilados pelo trabalhador durante a execução do contrato de trabalho quando este chega ao termo final, imune, em

---

(268) "**12 — UTILIZAÇÃO DE INTERNET E CORREIO ELETRÔNICO (E-MAIL).** Fica ajustado que os 'softwares' para computadores, tais como *internet* e correio eletrônico (e-mail), disponibilizados pelas empresas a seus empregados para execução de suas atividades, somente deverão ser utilizadas para essa finalidade, ficando caracterizado incontinência de conduta o acesso a 'sites' pornográficos bem como o envio de material dessa natureza através de equipamentos de propriedade da empresa.
Parágrafo Primeiro: Para a verificação da boa utilização das 'ferramentas virtuais' citadas no *caput* desta cláusula, será permitido às empresas o controle e o monitoramento dos acessos a *internet* e correio eletrônico (e-mail) em equipamentos utilizados a serviço da empresa, não podendo em qualquer momento ser alegado violação de correspondência ou invasão de privacidade e/ou intimidade.
Parágrafo Segundo: A empresa fica obrigada a certificar e dar ciência por escrito aos empregados das condições prevista nesta cláusula." Cláusula prevista em Convenção Coletiva do Trabalho 2005/2006 firmada entre sindicatos brasileiros do ramo do comércio e varejo de gêneros alimentícios negociados em mercados de Curitiba, região metropolitana e litoral do Paraná.
(269) *Ibidem*, p. 66.

princípio, à ação invasiva do empreendedor por força de lei e princípios constitucionais, todavia sob a aposta inequívoca de proprietário do arsenal digital.

Evidente que o fato da resolução contratual não autoriza ao tomador de serviços, sem justo e legal motivo, acessar por conta própria as informações particulares do trabalhador. Para combater qualquer efeito nocivo a respeito, basta inserir condição que autoriza o empregado ou o empregador, na presença inclusive de representante sindical, se for o caso, *deletar* todas as informações armazenadas em computador, de interesse exclusivo do empregado, por evidente, até porque o equipamento pode ser utilizado por outras pessoas.

Também é conveniente o estabelecimento de regras quanto a dados armazenados em arquivos digitais que dizem respeito ao trabalho desenvolvido pelo empregado e de interesse exclusivo da empresa, seja em razão da própria atividade negocial, seja decorrente do trabalho desenvolvido pelo trabalhador que ensejou sua contratação, excluindo, por exemplo, permissão para cópia pelo ex-trabalhador ou apagar da memória com intenção de provocar prejuízos ao empreendimento econômico.

Carrasco alude sobre disposição coletiva no sentido de integração no recibo de quitação contratual o efeito liberatório quanto "... la eventualidad de que, en el futuro, pudieran recibirse correos dirigidos al trabajador cesado. De ahí que se establezca de for fehaciente que la empresa queda exronerada de toda obligación de transmitir al trabajador noticia alguna sobre la recepción de correos, pudiendo estós, en consecuencia, ser eliminados sin más trámites, salvo advertencia previa del trabajador".[270]

Todas as providências e cautelas são imprescindíveis para as partes que planejam aderir a contratos e trabalhos em que envolvam o manejo de ferramentas digitais, ou já a eles vinculados. No mesmo tom quanto à juridicidade das relações factuais, mormente por meio dos instrumentos coletivos e individuais, chamando sempre que possível os representantes sindicais ou comitês empresariais para o devido acompanhamento da confecção de tais atos negociais.

Daí por que se presencia de fato "... un retorno a la empresa´ como impulso concreto de la acción sindical"[271], mormente em razão dos conflitos coletivos e particulares, tortuosos, pelos quais se caminha nesta era da informação e da globalização de ações e de comunicações.

5.6. Tópica ação sindical

A mobilização da massa de trabalhadores pelo sistema *on-line* preenche um vácuo deixado pela falta de instituições e organizações que, na democracia, agrupam pessoas com interesses comuns.

---

(270) *Ibidem*, p. 68-69.
(271) BAYLOS, Antonio. *La acción colectiva...*, cit., p. 11.

A comunicação entre os trabalhadores e a entidade sindical, no entanto, tem se mantido relativamente à distância em face da fragmentação generalizada entre os mesmos e das próprias categorias profissionais, devendo ser agilizada e fomentada mediante o corriqueiro uso dos meios informáticos.

Considerando-se que, na grande maioria dos locais onde se perfaz o trabalho, existem computadores onde é passível o acesso à *internet* ou a utilização para o estabelecimento de comunicação ou transmissão de mensagens de toda ordem, é de se buscar a real possibilidade de envio de escritos afetos ao trabalho e ao direito sindical propriamente dito, de consultas a páginas da própria entidade sindical, da troca de informações entre trabalhador e representantes sindicais sem ingerência patronal no quesito permissividade ou interferência direta no conteúdo das informações.

Lembrando que há regras de índole constitucional que asseguram direitos de ação, sem indevidas amarrações, aos entes sindicais e aos seus beneficiários, diretos ou indiretos. Neste patamar está o de uso da *internet*, dos correios eletrônicos e de todo o instrumental tecnológico para a atividade da agremiação.

Idêntico sentido no que respeita ao e-mail privado do trabalhador, pelo que não há muito que se tergiversar a respeito, comparando-se o mecanismo à utilização de cartas ou mesmo à linha telefônica, devendo, ainda, ser preservado o sigilo de correspondência, bem como o garante de usufruto dos benefícios decorrentes de sua filiação sindical, inclusive no aspecto liberdade de comunicação.

Zachert opina nesta direção ao afirmar que "la misma solución deberá aplicarse si se opta sólo por el uso profesional de internet. Aquí entraría de nuevo en juego una ponderación de derechos fundamentales, como el derecho de propriedad privada del empresario y la protección de los derechos sindicales (...). Un e-mail no es mas que un periódico electrónico y la violación de derechos fundamentales del empresario es realmente escasa: el ordenador se usará, el papel será imprimido, si los trabajadores hacen esto o no permanece en su conciencia..."[272]

De qualquer sorte, e na esteira de proposta de lei na Espanha, que insere nova redação ao art. 8.2. da Lei Orgânica de Liberdade Sindical 11/85 de 2 de agosto, pode-se efetivamente normatizar coletivamente a respeito, em semelhantes termos, seja para amparar a troca de informações entre trabalhadores e comitês de empresa, se for o caso, ou entre trabalhadores da categoria profissional e respectivo sindicato, da seguinte forma: "con la finalidad de facilitar la difusión de aquellos avisos que puedan interesar a los afiliados al sindicato y a los trabajadores en general, el sindicato y sus secciones sindicales tendrán derecho a

---

(272) ZACHERT, Ulrich, *op. cit.*, p. 180.

dirigirse a los mismos, en sus respectivos puestos de trabajo, por medio del correo electrónico (e-mail), la empresa pondrá igualmente a su disposición un tablón de anuncios que deberá situarse en el centro de trabajo y en lugar donde se garantice un adecuado acceso al mismo de los trabajadores, en aquellas empresas cuya actividad lo permita se facilitará un lugar en la Intranet de la empresa, un buzón sindical de libre acceso en la empresa y los medios electrónicos necesarios para garantizar la libre comunicación electrónica".[273]

Evidente que a base teórica exposta para justificar a ampla liberdade de comunicação entre trabalhadores e entes sindicais tendo por centro o local de trabalho encontra barreiras práticas, seja no que concerne ao seu alcance, seja na utilização em larga escala das ferramentas digitais.

Entretanto, a partir do momento em que não há qualquer específico regulamento que ampare o direito à referida comunicação, pode-se dizer que a utilização do instrumental informático é *tolerado* no seio da empresa aparecendo "... configurado como una especie de concesión graciable del empresario que, como tal, puede ser suprimida si, a su juicio, se ha llevado a efecto un uso inadecuado o perjudicial para la empresa por resultar afectada la funcionalidad de los sistemas de comunicación e información".[274] Assim posta a situação, por evidente que a utilização dos equipamentos de informação podem ser restringidos ao alvedrio do empregador.

Regulamentando-se o direito em questão, além de possibilitar o uso de forma racional e sadia, há possibilidade de se incluir sanções em caso de manejo inadequado dos instrumentos informáticos ou de forma a causar danos quanto a sua funcionalidade. Na hipótese pode-se estabelecer a perda da faculdade concedida aos interessados da utilização do equipamento digital existente na sociedade empresária ou mesmo a tomada de medidas que restringem o uso "... (con la única obligación para la empresa de notificar las causas que la originan) e, incluso, la eventual aplicación del régimen disciplinario si procede".[275]

Entende-se perfeitamente viável, também, regrar a respeito de indenização patrimonial e/ou moral se houver o correlato prejuízo à empresa em face da troca de informações havida entre a classe trabalhadora e a entidade sindical. Evidente, por exemplo, que a sobrecarga de informações poderia afetar o sistema informático empresarial, em especial a produtividade, ou, então, o envio de informações ofensivas ou de cunho discriminatório, causando danos de outra índole à empresa, o que ensejaria a competente ação por perdas e danos.

---

(273) Projeto de lei sobre uso de correio eletrônico na Espanha, datado de 2001. Información Correo e.:<jisbd2001@inf-cr.uclm.es>. Disponível em: <http://alarcos.infcr.uclm.es/jisbd2001>.
(274) CARRASCO, Manuel Correa, *op. cit.*, p. 72.
(275) *Ibidem*, p. 82.

A empresa, por sinal, enquanto centro de produção de bens e serviços, ganha relevância no momento atual, na medida em que traz benefícios reais aos trabalhadores, em especial, e à comunidade, em geral, não sendo mera desencadeadora de riqueza virtual, tal qual a proporcionada pelas grandes financeiras supranacionais.

Por isso, e também em decorrência dos graves problemas que assolam os trabalhadores que operam instrumentos informáticos, é que se faz necessário a recondução da ação de tutela dos seus direitos no âmbito da sociedade empresária — paralelamente à direcionada em nível de nação ou de bloco comunitário, inclusive para o estabelecimento da responsabilidade social das empresas.[276]

Neste específico campo, chama-se a atenção para os problemas derivados do próprio uso excessivo do instrumental digital, que traz, muitas vezes, consequências nefastas à saúde do trabalhador, relacionadas às intituladas doenças ocupacionais, de índoles física e psíquica, ensejando diversos processos judiciais na esfera do trabalho, em grande número perante os tribunais brasileiros.

"Entre los riesgos físicos más comunes se señalan la fatiga mental, las posiciones incómodas que pueden causar problemas de columna o la aparición de várices y fundamentalmente los problemas que pueden suscitarse en la vista por una exposición excesiva a la pantalla. Pero tampoco deben descuidarse los perjuicios de tipo psíquico que generalmente se originan en comportamientos adictivos a la computadora, que provocan disminución de la interacción social y trastornos psicológicos."[277]

As doenças ocupacionais decorrentes de LER — Lesões por Esforços Repetitivos — são mais comuns do tipo tenossinovite, tendenite, bursite, que se tornaram muito corriqueiras devido ao advento da informática e dos computadores. A LER (lesão por trauma cumulativo), chamada também de DORT — Doença Osteomuscular Relacionada ao Trabalho —, pode ser causada por esforço repetitivo devido a má postura, estresse ou trabalho excessivo, mormente no sistema de contínua digitação quando da utilização das ferramentas tecnológicas.

Neste espaço também não se encontram tópicos regulamentos jurídicos para enquadramento das fáticas situações. O empresário é responsável pela segurança e saúde dos trabalhadores, pelo que há necessidade de se normatizar a respeito, prevenindo, assim, casos crônicos de doenças profissionais, que afetam pessoalmente o profissional e mesmo a saúde financeira da própria empresa com a diminuição da mão de obra por conta de doenças incapacitantes.

"Una solución ante estas situaciones podría derivar de acuerdos colectivos que establezca medidas en materia de exposición a las tecnologías informáticas, aunque hasta el presente no existen ni estudios ni proyectos regulatorios."[278]

---

(276) BAYLOS, Antonio, *op. cit.*, p. 11.
(277) DELGUE, Juan Raso. , *op. cit.*, p. 211.
(278) *Idem.*

Medidas salutares para diminuição de problemas de sociabilidade, indisposições físicas e outras tantas de índole psíquica podem ser sugeridas pelas entidades sindicais junto às sociedades empresárias.

Exemplos de superação e de saúde do grupo de trabalhadores são quando há participação em cursos de ginástica laboral, nos que abordem temas envoltos à qualidade de vida, nos que promovam canto individual ou coletivo, e o mais. Simples ações nessas áreas traduzem maior bem-estar, felicidade e estímulo aos prestadores de serviço, importando em menos ausências do serviço por conta de doenças físicas e especialmente de ordem psíquicas e consequente aumento de produtividade com mais qualidade e perfeição.

A atuação específica dos representantes sindicais nos locais de trabalho tem dimensões inimagináveis na atualidade, diversa, por óbvio, da que era dirigida ao sistema tradicional de trabalho, jungida então mais a instrumentos materiais e a lugares físicos de trabalho.

Outrossim, a noção de espaço público é diferente de outrora. O intercâmbio de ideias e de notícias se faz, eletronicamente, com rapidez e a todo um universo. A forma de *violência*, por outro lado, que atinge o público de internautas nesse âmbito toma rumo igualmente global e tem na própria rede digital o instrumento pelo qual se concretiza, dado o seu caráter de iteratividade.

Com efeito, um simples *clique* traduz, muitas vezes, informações a milhares de pessoas sem possibilidade real de imediata resposta ou checagem quanto à veracidade, com inequívoca intenção de causar prejuízos a coisa ou a alguém. Num ambiente reduzido, como no local de trabalho, a *violência* gerada, por exemplo, da divulgação de fotos ou escritos atinentes a um trabalhador podem ser tanto positivas como negativas, atingindo sua honra ou lhe custando, muitas vezes, o próprio posto de trabalho.

A intervenção tópica da entidade sindical na arena onde ocorre a prestação de serviços é de fato benéfica, seja na solução dos concretos fatos, seja regulando preventivamente, ainda mais se tendo em conta que o efeito célere e multiplicador da informação transmitida *on-line* eleva exponencialmente as suas nefastas e, muitas delas, irreversíveis consequências.

Por certo, assim, que, na área pragmática de campo pertinente à relação capital & trabalho, pode-se afirmar que a "... conclusión de lo que se está discutiendo es una afirmación que sin duda ha de calificarse de 'politicamente correcta': la tendencia a um 'retorno' a la empresa, al trabajo como legitimación permanente del sindicato, y su capacidad de transformar la vida de las personas en concreto"[279], quando assim se dispuserem os representantes sindicais em prol de toda a sorte de trabalhadores.

---

(279) BAYLOS, Antonio, *op. cit.*, p. 15.

CONCLUSÃO

A utilização das tecnologias de informação e de comunicação é fato irreversível. A sua implantação no sistema de produção e de circulação de bens e de serviços não mais equivale à opção do empresário, mas imposição, em face da concorrência e da própria evolução da moderna sociedade global.

O uso generalizado da *internet* na rede tem originado nova forma de agrupamento social, denominado virtual ou de informação. Esta novel sociedade de informação desafia a comunidade jurídica a traçar seus inusitados contornos, diante da inexistência de específica regulação de índole estatal tradicional.

As agremiações sindicais possuem papel relevante na formulação de regras localizadas ou transnacionais intuindo o estabelecimento do perfeito equilíbrio nas relações capital & trabalho, na mira dos preceitos constitucionais universais atinentes a comunidades marcadas pelo estado democrático de direito.

O tratamento que deve ser dispensado ao trabalhador inclui estrita observância aos direitos de personalidade, preservando a sua dignidade. A tecnologia digital deve resultar, em outra e igual instância de preceitos constitucionais, na inclusão social dos cidadãos que estão fora do sistema de emprego e salários.

Afinal, "tenemos la obligación, sin que ello deba conllevar la eliminación de derechos, de pensar en los demás, de actuar pensando en los demás. Sólo así podríamos colaborar en la gestación de una sociedad más justa, agradable y solidaria".[280]

---

(280) ETZIONI A., *apud* QUIRÓS, Enrique V. de Mora. In: QUIRÓS, José Justo Megías (Coord.). *Sociedad de la información:* derecho, libertad, comunidad. Navarra: Aranzadi, 2007. p. 42.

REFERÊNCIAS BIBLIOGRÁFICAS

ALONSO, Inmaculada Marín. *El poder de control empresarial sobre el uso del correo electrónico en la empresa*: su limitación en base al secreto de las comunicaciones. Valencia: Tirant lo Blanch, 2005.

ANTUNES, Ricardo. Anotações sobre o capitalismo recente e a reestruturação produtiva no Brasil. In: *Curso de Especialização Ematra*. Curitiba, 2004.

AROUCA, José Carlos. Centrais sindicais — autonomia e unicidade. In: *Revista LTr Legislação do Trabalho*, São Paulo: LTr, v. 72, n. 10, out. 2008.

BARCELLONA, Pietro. *El individualismo propietario*. Madrid: Simancas, 1996.

_____. *O egoísmo maduro e a insensatez do capital*. São Paulo: Ícone, 1995.

BARROS, Alice Monteiro de. *Proteção à intimidade do empregado*. São Paulo: LTr, 1997.

BARROSO, Luís Roberto. Liberdade de expressão *versus* direitos da personalidade. Colisão de direitos fundamentais e critérios de ponderação. In: SARLET, Ingo Wolfgang (Org.). *Direitos fundamentais, informática e comunicação*: algumas aproximações. Porto Alegre: Livraria do Advogado, 2007.

BAYLOS, Antonio. *Democracia política y sistema sindical*: reflexiones sobre la autonomia del sindicato. Disponível em: <http://www.uclm.es/organos/vic_investigacion/centros/celds/legislacion%20%jurisprudencia/salamanca/html > Acesso em: 2009.

_____. Formas nuevas y reglas viejas en el conflicto social. In: *Revista de Derecho Social*, Albacete: Bomarzo, n. 2, abr./jun.1998.

_____. Igualdad, uniformidad y diferencia en el derecho del trabajo. In: *Revista de Derecho Social*, Albacete: Bomarzo, n. 1, jan./mar.1998.

_____. La acción colectiva de los trabajadores en la empresa: reflexiones sobre algunos problemas derivados de la institucionalización sindical en ese espacio. In: *Revista de Derecho Social*, Albacete: Bomarzo, n. 27, jul./sep. 2004.

_____. Proteção de direitos fundamentais na ordem social: "O direito ao trabalho como direito constitucional". In: *Revista Trabalhista* — Direito e Processo, Rio de Janeiro: Forense, ano 3, abr./maio 2004.

_____. Representação e representatividade sindical na globalização. In: *Revista Trabalhista* — Direito e Processo, Rio de Janeiro: Forense, v. 5, jan./mar. 2003.

BRITO, Raimundo de Faria *apud* WEBER, Thadeu. *A filosofia como atividade permanente em Farias Brito*. Canoas: La Salle, 1985.

BROWN, Henry Phelps. Los orígenes del poder sindical. In: *Colección historia social*. Madrid: Centro de Publicaciones Ministerio de Trabajo y Seguridad Social, 1990.

CARRASCO, Manuel Correa. La proyección de las nuevas tecnologías en la dinámica (individual y colectiva) de las relaciones laborales en la empresa: su tratamiento en la negociación colectiva. In: *Revista de Derecho Social*, Albacete: Bomarzo, n. 31, jul./sep. 2005.

CARTA DE COCHABAMBA: las relaciones laborales en el siglo XXXI. Un modelo para armar. In: *Revista de Derecho Social Latinoamérica*, Buenos Aires: Bomarzo Latinoamericana, n. 3, 2007.

CHEISNAIS, François. *A mundialização do capital*. Trad.: Silvana Finzi Foá. São Paulo: Xamã, 1996.

COSTA, Judith Hofmeister Martins. O direito privado como um "sistema em construção": as cláusulas gerais no projeto do código civil brasileiro. In: *Revista da Faculdade de Direito da Universidade Federal do Rio Grande do Sul*. Porto Alegre: Síntese, n. 15, p. 129-154, 1998. Disponível em: <http://www.jus.com.br/doutrina/ccivcons.html> Acesso em: 2001.

COUTINHO, Aldacy Rachid. Aplicação da teoria da desconsideração da personalidade jurídica no processo de execução trabalhista. In: NORRIS, R. (Coord.). *Execução trabalhista: visão atual*. Rio de Janeiro: Forense, 2001.

_____. Contrato de trabalho por prazo determinado. In: DALLEGRAVE NETO, J. A. (Coord.). *Direito do trabalho:* estudos. São Paulo: LTr, 1997.

_____. Direito do trabalho de emergência. In: *Revista da Faculdade de Direito da UFPR*. Curitiba, ano 30, n. 30, p. 115, 1998.

_____. Função social do contrato individual de trabalho. In: COUTINHO, Aldacy Rachid; DALLEGRAVE NETO, José Affonso; GUNTHER, Luiz Eduardo (Coord.). *Transformações do direito do trabalho*. Curitiba: Juruá, 2000.

CUNHA, Alexandre dos Santos. A autonomia privada frente à dicotomia público *versus* privado: algumas reflexões. In: *Revista da Fundação Escola da Magistratura do Trabalho do Rio Grande do Sul*, Porto Alegre, n. 4, dez. 2001.

DELGUE, Juan Raso. Los cyber-derechos en el ámbito laboral uruguayo. In: *Revista de Derecho Social Latinoamérica*. Albacete: Bomarzo, n. 1, jan./mar. 2006.

DINAMARCO, Cândido Rangel. *A instrumentalidade do processo*. 8. ed. São Paulo: Malheiros, 2000.

ETZIONI, A. *apud* QUIRÓS, Enrique V. de Mora. In: QUIRÓS, José Justo Megías (Coord.). *Sociedad de la información:* derecho, libertad, comunidad. Navarra: Aranzadi, 2007.

FAGÚNDEZ, Paulo Roney Ávila. *Direito e holismo:* introdução a uma visão jurídica de integridade. São Paulo: LTr, 2000.

FRANÇA, Rubens Limongi. *Instituições de direito civil*. 4. ed. São Paulo: Saraiva, 1996.

GENEHR, Fabiana Pacheco. *A normatização do teletrabalho no direito brasileiro* — uma alteração bem-vinda. São Paulo: LTr, a. 72, set. 2008.

GIUGNI, Gino *apud* GOMES, Dinaura Godinho Pimentel. *Direito do trabalho e dignidade da pessoa humana, no contexto da globalização econômica:* problemas e perspectivas. São Paulo: LTr, 2005.

GOMES, Dinaura Godinho Pimentel. *Direito do trabalho e dignidade da pessoa humana, no contexto da globalização econômica:* problemas e perspectivas. São Paulo: LTr, 2005.

GOMES, Orlando. *Introdução ao direito civil*. 10. ed. Rio de Janeiro: Forense, 1990.

HERNANDÉZ, María Luisa Martín; IBARRECHE, Rafael Sastre. Un "nuevo" espacio para la acción sindical: la defensa del medio ambiente. In: *Revista de Derecho Social*, Albacete: Bomarzo, n. 16, oct./dic. 2001.

HOFFMAN, Fernando. *O princípio da proteção ao trabalhador e a atualidade brasileira*. São Paulo: LTr, 2003.

LAZZARATO, Maurizio; NEGRI, Antonio. *Trabalho imaterial:* formas de vida e produção de subjetividade. Trad.: Mônica Jesus. Rio de Janeiro: DP&A, 2001.

LEMOS, Ronaldo. Direito, tecnologia e cultura — parte 1 (introdução). In: _____(Coord.). *Curso de direito eletrônico.* Rio de Janeiro: FGV, 2008.

LIMA, Roberto Kant de. Prefácio. In: Corrêa, Gustavo Testa. *Aspectos jurídicos da internet.* 2. ed. São Paulo: Saraiva, 2002.

LIMBERGER, Têmis. Direito e informática: o desafio de proteger os direitos do cidadão. In: SARLET, Ingo Wolfgang (Org.). *Direitos fundamentais, informática e comunicação:* algumas aproximações. Porto Alegre: Livraria do Advogado, 2007.

LÔBO, Paulo Luiz Netto. *Constitucionalização do direito civil.* Disponível em: <http://www.jus.com.br/doutrina/constidc.html> Acesso em: 2001.

LOFFREDO, Antonio. El impacto de las tenologías de la información en el derecho de trabajo italiano. In: *Revista de Derecho Social Latinoamérica,* Albacete: Bomarzo, n. 1, 2006.

LORENZETTI, Ricardo Luis. *Fundamentos do direito privado.* São Paulo: Revista dos Tribunais, 1998.

MALLET, Estêvão *apud* PEREIRA, José Luciano de Castilho. In: *A Constituição de 1988* — o sindicato — algumas questões ainda polêmicas. Disponível em: <http://www.tst.gov.br/ArtigosJuridicos/GMLCP/CONSTITUICAO-88-SINDICATO.pdf> Acesso em: 06 abr. 2009.

MARTINEZ, Wladimir Novaes. *Licença qualificatória em face da crise econômica.* São Paulo: LTr, v. 73, n. 1, jan. 2009.

MARTINS, Sérgio Pinto *apud* MARTINEZ, Wladimir Novaes. *Licença qualificatória em face da crise econômica.* São Paulo: LTr, v. 73, n. 1, jan. 2009.

MEIRELLES, Jussara. O ser e o ter na codificação civil brasileira: do sujeito virtual à clausura patrimonial. In: FACHIN, Luiz Edson (Coord.). *Repensando fundamentos do direito civil contemporâneo.* Rio de Janeiro: Renovar, 1998.

MELHADO, Reginaldo. *Metamorfoses do capital e do trabalho.* São Paulo: LTr, 2006.

MIRANDA, Pontes de. *Tratado de direito privado.* 4. ed. São Paulo: Revista dos Tribunais, 1974.

MONTEIRO, Washington de Barros. *Curso de direito civil.* 23. ed. São Paulo: Saraiva, 1984.

PEREIRA, Caio Mário da Silva. *Instituições de direito civil.* Rio de Janeiro: Forense, 1994.

PISARELLO, Gerardo. *Los derechos sociales y sus garantías:* elementos para una reconstrucción. Madrid: Trotta, 2007.

POTOBSKY, Geraldo Von. El devenir de las normas internacionales del trabajo. In: *Revista de Derecho Social Latinoamérica.* Buenos Aires: Bomarzo Latinoamericana, n. 3, p. 11, 2007.

RAYMOND, Wilfredo Sanguineti. Las transformaciones del empleador y el futuro del derecho del trabajo. In: *Revista de Derecho Social Latinoamérica,* Buenos Aires: Bomarzo, n. 3, 2007.

REZENDE, Roberto Vieira de Almeida. O trabalho prestado pela internet e a questão da subordinação jurídica no direito individual do trabalho. In: *Revista de Derecho Social Latinoamérica,* Albacete, Espanha: Bomarzo, n. 1, 2006.

ROCHA, Bruno. Sindicalismo e decisão política. In: *Revista Voto, Política e Negócios* — encarte especial, Porto Alegre: Pallotti, n. 50, dez. 2008.

RODRIGUEZ, Américo Plá. *Princípios de direito do trabalho.* São Paulo: LTr, 1993.

ROMAGNOLI, Umberto. Los derechos sociales en la constitución. In: *Revista de Derecho Social Latinoamérica*, Buenos Aires: Bomarzo Latinoamericana, n. 1, 2006.

ROMAGNOLI, Umberto *apud* Tony Blair, en renacimiento de una palabra. In: *Revista de Derecho Social*, Alicante: Bomarzo, n. 35, jul./set. 2005.

ROMITA, Arion Sayão. A (des)organização sindical brasileira. In: *Revista LTr Legislação do Trabalho*, São Paulo: LTr, v. 71, n. 06, jun. 2007.

_____. Direito e justiça — lucubrações etimológicas (algo fútil) sobre o princípio de proteção. In: *Revista LTr Legislação do Trabalho*. São Paulo: LTr, ano 73, jan. 2009.

RUARO, Regina Linden. O conteúdo essencial dos direitos fundamentais à intimidade e à vida privada na relação de emprego: o monitoramento do correio eletrônico pelo empregador. In: SARLET, Ingo Wolfgang (Org.). *Direitos fundamentais, informática e comunicação:* algumas aproximações. Porto Alegre: Livraria do Advogado, 2007.

SANTOS, Boaventura de Sousa; COSTA, Hermes Augusto. Introdução: para ampliar o cânone do internacionalismo operário. In: *Trabalhar o mundo:* os caminhos do novo internacionalismo operário. Rio de Janeiro: Civilização Brasileira, 2005.

SELEME, Sérgio. Contrato e empresa: notas mínimas a partir da obra de Enzo Roppo. In: FACHIN, Luiz Edson (Coord.). *Repensando fundamentos do direito civil contemporâneo.* Rio de Janeiro: Renovar, 1998.

SILVEIRA NETO, Antônio; PAIVA, Mário Antônio Lobato de. *A privacidade do trabalhador no meio informático.* Disponível em: <http://jus2.uol.com.br/doutrina/texto.asp?id=4292> Acesso em: 27 jun. 2009.

SOARES FILHO, José. As negociações coletivas supranacionais para além da OIT e da União Europeia. In: *Revista LTr*, São Paulo: LTr, v. 71, n. 08, ago. 2007.

SOUZA, Carlos Affonso Pereira de. Contratos eletrônicos e responsabilidade civil dos provedores. In: LEMOS, Ronaldo (Coord.). *Curso de direito eletrônico*. Rio de Janeiro: FGV, 2008.

TEPEDINO, Gustavo. *Temas de direito civil.* 2. ed. Rio de Janeiro: Renovar, 2001.

UGUINA, Jesús R. Mercader. Derechos fundamentales de los trabajadores y nuevas tecnologías: ¿hacia una empresa panóptica? In: *Relaciones Laborales — Revista Crítica de Teoría y Práctica.* Madrid: Latley, v. 10, ano XVII, maio 2001.

VALVERDE, Antonio Martín; GUTIÉRREZ, Fermín Rodríguez-Sañudo; MURCIA, Joaquín García. *Derecho del trabajo*. 16. ed. Madrid: Tecnos, 2007.

VIANA, Márcio Túlio. A proteção social do trabalhador no mundo globalizado. In: *Revista da Associação Nacional dos Magistrados do Trabalho*, Brasília, a. XI, n. 37, ago. 1999.

VILLAZÓN, Luis Antonio Fernández. *Las facultades empresariales de control de la actividad laboral.* Navarra: Thomson Aranzadi, 2003.

WALD, Arnold. *Curso de direito civil brasileiro:* introdução e parte geral. 8. ed. São Paulo: Revista dos Tribunais, 1995.

WEBER, Thadeu. *A filosofia como atividade permanente em Farias Brito.* Canoas: La Salle, 1985.

ZACHERT, Ulrich. Los principales problemas planteados en el trabajo con las tecnologías de la información y la comunicación: la experiencia alemana. In: *Revista de Derecho Social Latinoamérica.* Buenos Aires: Bomarzo, n. 1, 2006.

Produção Gráfica e Editoração Eletrônica: **RLUX**
Capa: **FÁBIO GIGLIO**
Impressão: **ASSAHI GRÁFICA E EDITORA**